中华经典百句

史记
百句

陈正宏 著

中华书局

图书在版编目(CIP)数据

史记百句/陈正宏著. —北京:中华书局,2024.6
(中华经典百句/陈引驰主编)
ISBN 978-7-101-16625-5

Ⅰ.史… Ⅱ.陈… Ⅲ.《史记》-研究 Ⅳ.K204.2

中国国家版本馆 CIP 数据核字(2024)第 100488 号

书　　　名	史记百句
著　　　者	陈正宏
丛 书 名	中华经典百句
丛 书 主 编	陈引驰
丛 书 策 划	贾雪飞
责 任 编 辑	黄飞立
封 面 设 计	毛　淳
责 任 印 制	陈丽娜
出 版 发 行	中华书局
	(北京市丰台区太平桥西里 38 号　100073)
	http://www.zhbc.com.cn
	E-mail:zhbc@zhbc.com.cn
印　　　刷	天津善印科技有限公司
版　　　次	2024 年 6 月第 1 版
	2024 年 6 月第 1 次印刷
规　　　格	开本/880×1230 毫米　1/32
	印张 7⅛　插页 2　字数 120 千字
印　　　数	1—8000 册
国 际 书 号	ISBN 978-7-101-16625-5
定　　　价	49.00 元

总　序

　　我们的"传统"，是我们走向未来的负担还是资源？这个问题曾经，或许至今仍会引起人们的争议。

　　在我看来，答案是清楚的。

　　世上没有纯然正面的或者纯然负面的存在，既有的经验对于当下及未来的价值如何，端赖我们自己的抉择。今天，我们应该都了解，所谓"传统"不是过往存在的一切，而是被身处时间下游的我们在此刻所看取、认同和实践，从而得到延展、生发的那一部分。我们不是被动地承受"传统"的影响和作用，而是在承受的同时，站在我们当下的立场，努力尝试着塑造"传统"。说到底，我们的当下和未来，由我们自己负责，而不是任何过往。

　　在这个意义上，我们既往的文化传统，在人类文明的发展之中，历史既悠久而绵延，蓄积自非常之丰厚，足以成为我们的资源，供我们弋取、参稽、实践。这是我们对中华文化的先人们理所应当怀抱感恩之情的缘由。

中华文化的多元丰富，呈现在物质、制度和精神诸方面，而各层面的传统文化当今的存在与价值，容有不同的现实意义和可能前景。物质文明曾有的光辉，已经历了日新月异的知识、技术进步的挑战；制度的构造在空前扩大的时空范围内，处于与不同文明的别样类型持续的协商、通约之中；观念与思想的世界在显示着独特的精神取向的同时，有待更深入的沟通、理解和互融。

然而无论如何，我们走近乃至走进我们自己的文化传统，尤其是观念与思想世界的路径，是通过传统的典籍。历代流传至今的中华经典，最为直接而全面地承载了我们的文化。我们文化的历史信息、知识经验乃至聪明智慧，有赖经典文本留存、展现在我们眼前。

中华经典，远可追溯至三千年前，近则可晚到近代一二百年间，广涉从物质文明到思想精神的广阔世界，或长篇巨制或精悍短什，或独抒己见或众声喧哗，或曲折深奥或直白如话，或想落天外或精思入微，数量既夥且形态各异，辩理怡情而各有所宜，上天入地至涵括万有。遍读经典，尽览智慧，只能是理想；钩玄提要，萃取精华，才可谓现实。

"中华经典百句"系列，有意择取历史上具有重要地位且对当下有积极启示的经典文本，寻章摘句，直取关键，对原句加以易解的注译，缀以解说者的认识、领悟和发抒，期待读者能与解读者一同尝脔肉而知鼎味，窥一斑而略识全豹。

　　或曰："'七宝楼台，眩人眼目，碎拆下来，不成片段'，如此截取语句，岂非破坏了经典本来的整体光华？"然而，古典诗学中有所谓"诗眼"之说，陆机《文赋》也提到文章中"片言而居要""一篇之警策"的情形，经典篇章本身终究内含有精彩而关键的语句，无妨采撷；进而，即使采撷之后的片片闪光与原初的整体光华不尽契合，但如月映万波，水波所映现的万千光闪并非本来之月光，但它们确实是对天空月光的回映，是月光之映照的斑斑印迹——从经典中撷择的精言警句，岂不也正是经典光彩的种种投射？

陈引驰

2024 年 5 月 28 日

目　录

引言　历史的结晶

　　少年时期选读《史记》，读的是其中的故事，惊心动魄，委婉曲折，好看。

　　大学时代通读《史记》，读的是其中的史实和文采，上古遗韵，战国热血，秦汉风流，前后既贯通，张弛又有度，不知不觉间，服膺太史公。

　　中年以后细读《史记》，读的是其中的人情事理，开卷见古人，闭卷思当下，再三咀嚼，觉得司马迁着实厉害，因为他早已预料到，两千年以后，裹挟在滚滚红尘里的人们，会是如何模样。

　　不过，从少年，经青年，再到中年，读《史记》的时候，有一样东西始终不变，就是震撼于书中的那些佳句名言。

　　还依稀记得，小小年纪，在特殊的政治背景下，背诵"王侯将相宁有种乎"的呼号，不免困惑；也时常想起，曾经为"风萧萧兮易水寒，壮士一去兮不复还"的悲歌，莫名感动；"士为知己者死"的境界，自是让苟且偷生至今的我，无限向往；而"天下熙熙，皆为利来；天下壤壤，皆为利往"的图景，直为今世写照，又令人不免感慨万千。

和其他一些先秦经典不同，《史记》里的这些佳句名言，不论是司马迁独创的，还是他引用前人的，大都不是道德的箴言，也不尽是生活的良方；它们并不那么温馨，也不那么甜美；有时甚至冷酷无情，像一把锋利的尖刀，刺痛你的心。

但是，它们是实际存在过的人生的真实结晶，它们让两千年后生活在同一片天空下的我们，直观地体验了历史与现实的水乳交融。

本书的目标，是向读者形象地展示，《史记》中的这些佳句名言，在司马迁的书写场景里，原本有怎样的上下文；如果它们在《史记》里一再出现，涵义又有怎样的变化。它们的现代意义自然也是本书所关心的，但如果那意义一望可知，我也就不再饶舌；若是古今意思相异，则稍作解说。

本书采用的《史记》版本，是通行的 1959 年中华书局繁体竖排标点本。为了便于希望对相关文献作进一步了解的读者检阅各名句所在的上下文，我在每一段原文的后边，括注了该版本的册数和页码。

感谢翻阅本书的每一位大小读者。读史使人明智，鉴古可以知今。衷心期待《史记》里的这些佳句名言，能引领您走进中国传统史部经典的魔幻世界，认识并理解历史和现实中形形色色的人。

人生如歌

风萧萧兮易水寒,壮士一去兮不复还!

(卷八十六《刺客列传》8/2534)

力拔山兮气盖世,时不利兮骓不逝。骓不逝兮可奈何,虞兮虞兮奈若何!

(卷七《项羽本纪》1/333)

大风起兮云飞扬,威加海内兮归故乡,安得猛士兮守四方!

(卷八《高祖本纪》2/389)

这是《史记》所载三首著名的歌辞。当年歌唱它们的,都是赫赫有名的人。

第一首歌的歌者,是战国时代燕国的刺客荆轲。他奉燕太子丹之命,刺杀秦始皇。行前,在友人高渐离的击筑伴奏下,他以慷慨激昂的羽声,唱出了这悲凉无比的离别之歌。

唱了这首离别之歌的荆轲,果真一去不复还。

第二首歌的歌者,是楚汉相争时大名鼎鼎的楚霸王——项羽。他被刘邦逼得穷途末路,最后连心爱的宝马美人也没法保护,只好仰天长叹,唱一曲绝望之歌。

唱着绝望之歌的项羽,不久便自杀了。

只有汉高祖刘邦,成了一代帝王后,衣锦还乡,酒酣耳热,唱出了第三首得意之歌。

这歌有豪气,讲政治——因为喝酒放歌,还考虑到了国家安全——但相比起来,从歌辞本身的角度论,还是不如荆轲、项羽所唱,动听而感人。

因为失败的荆轲、项羽,在他们各自的歌声中,融入了更多更深刻的人生况味。

人生,尤其是以悲剧告终的人生,很多时候,就是一首歌。

译文：

风声萧萧呵易水寒冷，壮士这一去呵不再回来！

力量可以拔起大山呵豪气足以盖世，时机不对呵骏马也不疾驰。骏马也不疾驰呵这可怎么办，虞姬呵虞姬呵把你怎么办！

大风起舞呵云彩飞扬，君威遍及海内呵我回归故乡，如何能得到猛士呵守卫国土四方！

大丈夫

高祖常繇咸阳，纵观，观秦皇帝，喟然太息曰："嗟乎，大丈夫当如此也！"

（卷八《高祖本纪》2/344）

秦始皇帝游会稽，渡浙江，梁与籍俱观。籍曰："彼可取而代也。"

（卷七《项羽本纪》1/296）

壮士不死即已，死即举大名耳，王侯将相宁有种乎！

（卷四十八《陈涉世家》6/1952）

燕雀安知鸿鹄之志哉！

（卷四十八《陈涉世家》6/1949）

秦汉之际，时势造英雄。秦王朝颠覆在即的当口，就出了三位英雄——陈胜、项羽和刘邦。

三个人中，项羽和刘邦二位，都有幸一睹秦始皇的尊容。但两人的反应，很不相同。

项羽想到的是，这家伙我可以代替他；他这么想，也就这么说了。吓得一旁的叔父项梁赶紧捂住他的嘴，教训道："休得胡说，要遭满门族灭的罪的！"

刘邦虽然未必没有取而代之的想法，但他没有直接说出来。他只是发感慨，而且这感慨还发得颇有气度，因为在"大丈夫当如此也"这句话里，他实际上已经把自己和秦始皇放在同一层次上了。

相比之下，陈胜地位最低，一辈子连远远望望秦始皇的机会也没碰上。年轻时候梦想富贵，自比鸿雁天鹅；到被逼无

译文：

汉高祖曾到咸阳服徭役，看热闹场面，看到秦始皇，感慨万千，叹息说："哎呀！大丈夫就该像这个样啊！"

秦始皇巡游到会稽，渡过浙江，项梁和项羽一起去参观盛况。项羽说："他可以取而代之。"

壮士不死也就罢了，要死就要成大名，王侯将相难道有天生的种么！

燕子麻雀哪里会知道鸿雁天鹅的远大志向呢！

奈,揭竿而起的时候,只有发狠说"王侯将相宁有种乎!"——有种没种,不是现代汉语里的是否好汉的意思,而是指是否天生就是贵族胚子。

陈胜的问句,饱含着浓烈的底层反抗情节;项羽的说法,就如其人的性格,急切而直率;唯有刘邦的感慨,气度雍容,意味深长。

所以最后成功取代秦始皇做帝王的,不是别人,是刘邦。

刘邦虽是流氓出身,但单就这里的表现而言,倒堪称他自封的"大丈夫"。

说起"大丈夫"的称号,以及"壮士不死即已,死即举大名耳"的豪情,《史记》里还有一句名言,可以对读。那是《平津侯主父列传》的主人公主父偃说的:

丈夫生不五鼎食,死即五鼎烹耳。

当别人告诫切勿太骄横时,主父偃就如此断然回应。依然是骄横,倒也骄横得颇为爽气可爱。

宁做鸡头，不做牛尾

鄙谚曰：宁为鸡口，无为牛后。

（卷六十九《苏秦列传》7/2253）

译文：

俗话说：宁可做鸡的嘴巴，不要做牛的肛门。

这是战国时代著名的谋士苏秦,在劝说韩宣王不要跟随秦国时,举的一句俗谚。

后来注解《史记》的学者说,这话的意思是:"鸡口虽小,犹进食;牛后虽大,乃出粪也。"（张守节《史记正义》）

如此看来,要是说谁做"牛后",就简直是骂人了。

但苏秦当时就直截了当地告知韩宣王:一直迁就秦国的韩国,已有"牛后"之名。

这让韩宣王顿时变了脸色,瞪大眼睛,挥手执剑,仰天叹息:"我虽然不怎么样,但决不能侍奉秦国!"

有意思的是,这句俗语,从古至今,还有不同版本。

在《战国策》里,它作"宁为鸡尸,不为牛从"。"尸"在这里自然不是尸体,而是主持者;"从"则是随从,这里指小牛们。所以这话的意思,是宁可做鸡家族的老大,也不要做牛群里跟在后头的孙子。

到了今天,流行的成语,又变成了"宁做鸡头,不做牛尾",这自然是"宁为鸡尸,不为牛从"的白话通俗版了。

但不管谚语的版本有几个,这话说得还是简单明了,且颠扑不破。

只是古往今来,还是有很多人,想不开,离不开,心甘情愿地做牛尾、牛从,乃至牛后。

因为他们觉得,无论如何"后",咱毕竟是"牛"的。

那些深藏不露的人

良贾深藏若虚，君子盛德，容貌若愚。

（卷六十三《老子韩非列传》7/2140）

译文：

　　出色的商人深藏不露，好像口袋里空空如也。君子具有崇高的道德，但从容貌上看，好像是个傻瓜。

据说现在通行的是什么都"秀"一把。

有钱的,"秀"自己如何发财;有才的,"秀"自己何等聪明。等而下之,没别的可"秀",就秀秀自己的脸和腿。

古人不如此。

《史记》的《老子韩非列传》里,记载了一则两位先哲当面交流心得的故事,其中就有上面这句和"秀"相反的名言。

故事发生在周代,两位先哲是大名鼎鼎的孔子和老子。

据说孔子到周王朝所在地,向老子请教有关礼的学问。

大概是孔子先畅谈了一通。谈完了,老子说:"你说的这些,那些人跟他们的骨头一样,都早已腐朽,只有他们曾说过的话还在。"

他很实际,教给孔子两个重要的生活原则。

一个是:"君子得其时则驾,不得其时则蓬累而行。"意思是,君子如果遇到好时机，就坐专车，干大事；如果生不逢时，就把自己深藏起来，随大流。

另一个是："去子之骄气与多欲、态色与淫志，是皆无益于子之身。"意思是，除去你的骄傲之气和过多的欲望，也除去你摆谱的脸色和超强的志向，因为这些都对你自己毫无益处。

在说第二个原则之前，老子还特意引用了一句他从别处听得的名言，就是："良贾深藏若虚，君子盛德，容貌若愚。"

这话用今天的表达方式来说，就是即使你很有钱，很有品位，也不一定非得让全世界都知道。让自己边缘一点，就是被人误解了，也没啥大不了的。

其实，被别人视为傻瓜，总比把别人当成傻瓜好。因为当你身在暗处，你总能比较清晰地看清明处的事物。

孔子到底是孔子，得了老子所教的两招，很有启发。

他回去后跟学生谈体会，打比方，先选

择了鸟儿、游鱼和野兽三样动物。

他说，会跑的野兽，我可以用网捕捉；会游的鱼儿，我可以用丝线把它钓上来；会飞的鸟儿，我可以用箭射。

但是他说，如果是一条龙，我就无法弄明白，它究竟是如何乘风云而上天的了。

他感叹：我这次见到的老子，大概就像是一条龙吧！

我们理解，在孔子的眼中，老子就是那句名言里所称的"良贾"和"君子"，因为他比自己更懂得隐藏自我。

说起来，凡事"秀"一把，让别人和自己一起分享成功的喜悦，或者满足一下自己的虚荣心，自然不是什么罪过。

但深藏不露，大智若愚，才是一种更高的境界。

人譬如鼠？

人之贤不肖，譬如鼠矣，在所自处耳！

（卷八十七《李斯列传》8/2539）

译文：

一个人的贤能与否，就譬如老鼠，关键在于如何安顿自己罢了。

秦始皇时代的强势人物李斯，原本是楚国人，早年曾在乡里做过小吏，掌管文书。

年轻的李文书很善于观察。这回注意到的，是老鼠。

吏舍，也就是乡公所的房子，是带厕所的。李斯注意到，那里的老鼠，生活境遇相当悲惨：吃的是不干净的东西，人一靠近，就不停地受惊吓，连狗都欺负它们。

但李斯走进粮仓，看到的却是另一番景象：那里的老鼠，吃的是仓内堆积如山的粟米，住的是有高大廊檐的屋子，几乎受不到人或者狗的骚扰。

同样是老鼠，生活的境遇竟如此不同。李斯由此大为感慨，说了上面这番话。

李斯的意思是，老鼠也罢，人也罢，要判断其是否具备生存的智慧，看看他如何安顿自己就够了。

这话自然有理，一个人，连自己的基本生存都保障不了，如何干更大的事？

这话也不免绝对，因为它抛弃了一切关涉价值观的东西，把人和老鼠等量齐观。

看人如看鼠的李斯，后来果然善于"自处"，所以连"秦始皇焚书"这么专横的事情，也是他一手策划的。

成功以后

富贵不归故乡，如衣绣夜行，谁知之者！

（卷七《项羽本纪》1/315）

译文：

富贵发达了还不回故乡，就好比穿着锦绣衣服在晚上行走，有谁知道你发达了！

这是楚汉相争期间，鸿门宴那精心动魄的一页翻过去之后，楚霸王项羽说的一句名言。

说这话的时候，项羽刚刚率兵攻破咸阳——那里原本已被刘邦占领，项羽这回是撒野去的。

他杀了本已投降的秦王子婴，焚烧了秦国的宫殿——大火足足烧了三个月都没熄灭——还把秦都的宝物、美女收罗了一大堆，准备统统带回老家去。

这时有人劝他："关中这地方，有山河阻挡，四面还有险关，土地肥沃，可以在这里定都，称王称霸。"

项羽看着已被自己烧得不成样子的秦国宫殿，又满心思都是回东方老家的念想，就打了个比方，用上面这句话回应对方。

楚霸王的观念里，富贵发达了，就该穿着锦绣衣服，大白天大摇大摆地回老家。一句话，发了就得让人瞧见；别人看不见，如何叫"发"呢？

话倒说得很直率,暴发户的直率。就像现如今忽然发横财的,男的必要买辆车,女的必要弄条狗,开着或者抱着,满世界游荡。

　　这也就无怪乎那位给他出主意的要说:

　　人言楚人沐猴而冠耳,果然。

意思是楚地方人的作风,颇像是猕猴戴着
人的帽子。猕猴戴着人的帽子,自有个人
样,但也就是个人的样子,底子里,终究还
是畜生。

项羽倒还不笨,听出了这话里的讽刺
味儿。一气之下,把讽刺他的人给煮了。

乐极生悲

酒极则乱，乐极则悲；万事尽然。

（卷一百二十六《滑稽列传》10/3199）

物至则反，冬夏是也；致至则危，累棋是也。

（卷七十八《春申君列传》7/2388）

译文：

酒喝到顶了就要出乱子，人开心到极点了就要发生悲剧；所有的事全都如此。

事物到了极致，就会走向反面，冬天和夏天就是这样的关系；追求目标追到了顶点，就会有危险，就像把棋子层层累加叠上去产生的问题一样。

我们从小就有这样的经验，把积木叠起来，叠得越高，就越容易倒。

人生也是如此，追求一样东西，追到极端，无以复加的那一刻，也就是倒霉开始的时候。

但是自古以来，人们更相信追求极致的正当性。今天更是如此。

如何提醒那些兴高采烈往前冲的兄弟姐妹呢？

上面的第一段话，言简意赅，堪为名言。

那是战国时代，齐国学者淳于髡说的劝谏之辞，劝谏的对象，是那个酒大王领导——齐威王。

说是某次齐威王高兴，又在后宫里大办酒席，还把淳于髡召来，赏给酒喝。

酒席上的齐威王，问出的问题，也不离个"酒"字——

"先生，您能喝多少才醉？"

"臣下我喝一斗也能醉，喝一石也能醉。"淳于髡的回答，充满玄机。

齐威王倒也天真，说："先生既然喝一斗就醉了，怎么还能喝一石呢！你这样说的道理，可以让我听听么？"

淳于髡见齐威王上钩了，便侃侃而谈。

他给齐威王描述了五种喝酒的境界。每一种的酒量，都比前一种增长一成。

他说，在大王您的面前，喝您赐的酒，旁边有执法的，后头有管事的，我实在害怕，只好俯伏着身子喝，那样不到一斗，就马上醉了。

他又假设，如果家里长辈有规矩很大的客人来，我收起衣摆，提起手臂，弯下身子，半跪着奉上美酒，不时地接受几滴赏赐的余酒，或者高举酒杯为客人祝寿，频繁起身，那样喝酒，不用超过二斗，也就醉了。

但是他说，如果遇到下面三种情况，喝得就要多些了。

一种是老朋友好久不见，忽然碰到了，高兴地回忆往事，述说各自的近况，那时喝酒，不到五六斗，大概是难以醉倒的。

还有一种，是参加地方上的聚会，男女杂坐，喝酒之外，还有六博、投壶之类的游戏，相互之间，握手既不加责罚，眉目传情也不加禁止，身前常有女性掉下的耳环，身后时见她们遗忘的头簪。他说，我个人非常喜欢这样的场景，这时喝酒，可以喝到八斗，还不过只醉了二分。

最后一种，是天色已晚、兴意阑珊的时候，男女同席，促膝而坐，鞋子杂放，杯盘狼藉，堂上烛光灭了，主人把我淳于髡留下，而送走别的客人，然后我隐约闻到飘然而来的女性香味，他说,在这一刻,我心最欢,能喝下一石酒。

正这样飘飘然说着喝酒的醉境时,淳于髡忽然话锋一转,点明主题:"故曰酒极则乱,乐极则悲;万事尽然。"

有点煞风景,是不是? 但淳于髡的本意,就是要用这种先浪漫一日游,再突然棒喝惊醒的感性方式,讽劝齐威王,否则很难奏效。

他想让齐威王从醉梦中惊醒,顿悟一个道理:不能再毫无节制地痛饮狂欢了。因为,什么事都不能做到极点,一旦到了极点,衰败的命运马上就要来临了。

齐威王果然有悟性,说:"好吧。"从此不再作长夜之饮。

死有多难

知死必勇，非死者难也，处死者难。

（卷八十一《廉颇蔺相如列传》8/2451）

译文：

　　对死亡有充分了解了，一定会非常勇敢。不是说死亡这件事非常困难，而是说能直面死亡这件事是困难的。

《史记》一百三十篇，几乎篇篇都写到了死，各种各样的死。

转战沙场，军功卓著，但等到靠山楚悼王一命呜呼，便遭楚国宗室大臣围攻，只得逃到楚悼王尸体旁躲起来，最后还是被乱箭射死——这是《孙子吴起列传》里吴起的屈辱死法。

为朋友报仇，孤身一人，持剑一柄，干掉了一国的丞相，随即"自皮面决眼，自屠出肠"，自杀了事——这是《刺客列传》里聂政的壮烈死法。

但司马迁觉得，死亡本身，并不是值得大字书写的事；最值得写的，倒是人们如何面对死亡。

在《廉颇蔺相如列传》末的"太史公曰"里，他以"知死必勇"为开头，说了上面这段感言。

他的感言，源自战国历史上赵国名臣蔺相如的两个故事。

首先自然是人尽皆知的"完璧归赵"故事。

说是赵国得了一样出自楚国的珍宝——和氏璧，消息不知怎么给秦国知道了。秦王竟亲自派遣使者，给赵王送信，说愿意用秦国的十五座城，换赵国新得的这块玉璧。

蔺相如受命前往秦国，处理这一棘手的外交事务。

他是带着和氏璧去的，也把玉璧奉献给了秦王。但秦王得璧后的做派，让他马上醒悟：秦国根本没有用城换璧的打算。

他想了个计谋，对秦王说："这块璧有个瑕疵，请让我指给大王看。"

和氏璧又回到了蔺相如手中。

接下来的场面，足以用惊心动魄来形容：蔺相如持璧靠柱，怒发冲冠，一面挑明秦王的夺璧真实意图，一面决绝地说："大王你一定要逼我，那今天我只好让我的头，跟这块璧，一同撞碎在柱子上！"

接下来的情节大家都知道了：秦王见来了个敢拼命的，只好作罢。蔺相如自然没撞柱子，和氏璧也没给秦王，秦国当然也不会送赵国十五座城，蔺相如完璧归赵。

第二个故事，还是发生在秦赵两国之间。

说是秦王要跟赵王搞好关系，提议在一个叫渑池的地方，举行两国元首的正式会晤。

赵王应约去了渑池，随员中有蔺相如。

气氛似乎还挺融洽。秦王多喝了几杯，忽然说："我听说赵王喜欢音乐，请用瑟演奏一曲吧。"

赵王不知其中有诈，就弹起了瑟。不料一边秦国的御史竟立即记录:"某年月日,秦王与赵王会饮,令赵王鼓瑟。"

这样的圈套,这样的记录,在对等国的外交上,对赵国而言,无疑是一种耻辱。

蔺相如立即上前,说:"我们赵王听说秦王擅长演奏秦声,请秦王奏盆缻,也算是互相娱乐。"

秦王脸上挂不住了,自然不肯。

蔺相如顾不上别的,拿着缻,跪着执意请秦王演奏,并说:"五步之内,相如我头颈里的血,就要喷溅到大王了!"

秦王的护卫一见如此情形,打算就地砍了蔺相如。不料平时斯文的蔺相如,此刻竟瞪大双眼,厉声叱喝,吓得对方不敢动手。

秦王虽然不开心,终于还是勉强敲了一下缻。蔺相如立刻命令赵国的御史记录在案:"某年月日,秦王为赵王击缻。"

这场外交智斗,秦国最终还是没能胜出。

司马迁最欣赏的人,大概一是胆子要足够大,大到不怕死,二是脑子要够聪明,聪明到足以逢凶化吉。正好,蔺相如无论从性格还是经历说,就是此等人物。所以司马迁说"死"的事儿,最终标举的榜样,竟是这个大难不死的书生英雄。

知遇之恩

士为知己者死，女为说己者容。

（卷八十六《刺客列传》8/2519）

士大夫可以为知己朋友去死，女性则总是为喜爱她的人打扮自己。

这是一句让人唏嘘不已的话。《史记》里说这话的，是一位名叫豫让的刺客。

说来话长。春秋时代的晋国，曾有一个"六卿强，公室卑"的特殊时期，当时韩、赵、魏、范、中行、智六姓的大臣，权倾晋国朝野，后来又因争权夺利而互相残杀。结果是一度最为强大的智氏，以其首领智伯被最后胜出的韩、赵、魏三家所杀而告终。而豫让，恰好就是智伯的心腹大臣。

豫让先后侍奉过六卿中的三位：范氏、中行氏和智伯。只有智伯对他格外尊敬和爱护。因此智伯被害后，他又和杀害智伯的六卿中的其余三位成了仇家，而最大的仇家，就是赵襄子。因为襄子以"漆其头以为饮器"方式，对死去的智伯加以深重的侮辱，所以他必须为智伯报仇。

豫让的报仇最终并没有成功，但他对赵襄子说的这句"士为知己者死，女为说己者容"的话，却永远地流传了下来。

有意思的是，"士为知己者死"的出典，另有一个版本，见于《韩诗外传》。说的是春秋时的齐国名流管仲，因挚友鲍叔得病，为之不吃不喝。有人问他干吗这样，管仲回答："生我者父母，知我者鲍子。士为知己者死，马为知己者良。鲍子死，天下莫吾知。"

管仲和豫让同说一句"士为知己者死"，可见春秋时代士人对于知己的极端看重。豫让的誓死报仇，更显示出在当时人的心目中，个人的私谊，其实要远高于公理——因为他并不计较智伯前此的政治劣迹，坚持以独特的方式，回报智伯生前对自己的知遇之恩。

不过比较管仲和豫让的言辞，可以发现，与"士为知己者死"句相联的下一句，在管仲时是"马为知己者良"，到豫让时，已经变成了"女为说己者容"——"说"，通"悦"字。

"士"和"马"放在一块儿说，反映的还是春秋前期贵族阶层的价值取向——私谊与私物兼重；"士"跟"女"并列对举，显现的就是春秋末的世俗社会里普遍重视人际关系的实况了。

诺 言

楚人谚曰：得黄金百，不如得季布一诺。

（卷一百《季布栾布列传》8/2731）

译文：

楚国人有句谚语说：得到黄金一百斤，不如得到季布的一句诺言。

"好啊"，"可以啊"，今天的我们，已经习惯了这样轻飘飘的答应之辞。但是在两千年前，古人承应对方做事，回答却要郑重简洁得多——所谓疾应曰"唯"，缓应曰"诺"，那个缓缓道出的"诺"字，承载着经过深思的千斤分量。

季布是当年楚霸王项羽麾下的一员猛将，楚汉相争的时候，曾多次让刘邦难堪。后来刘邦当上了皇帝，出千金悬赏，要捉拿季布。结果是季布靠着自己的好名声，大难不死，还由刘邦钦定，做了汉朝的官。

季布的好名声，就是他的信守诺言。那句"得黄金百，不如得季布一诺"的谚语，出自跟季布同是楚人的曹丘生之口。据辩士出身的曹某说，这谚语当时就已经在梁楚间传诵。而《史记》的记载，是季布和他的弟弟季心，一个以"诺"，一个以"勇"，"著闻关中"——好名声都已经传到首都一带了。

不过季布如何重然诺，《史记》的《季布栾布列传》里并未举例说明。倒是在同书的《吴太伯世家》里，记载了另一位信守诺言的古人的故事，令人感慨不已——

　　季札之初使，北过徐君。徐君好季札剑，口弗敢言。季札心知之，为使上国，未献。还至徐，徐君已死，于是乃解其宝剑，系之徐君冢树而去。从者曰："徐君已死，尚谁予乎？"季子曰："不然。始吾心已许之，岂以死倍吾心哉！"

站在亡友徐君的墓前，春秋吴国名公子季札解下身佩的宝剑，挂到坟旁的树上，不为别的，只因前此徐君喜欢这把剑，而没有说出口；季札心虽知道，碍于还有出使的任务，不便相赠，但"心已许之"。季札的这一挂剑之举，将中国传统的"一诺千金"美德，发挥到了极致。

　　说到"一诺千金"这一成语，它的出典就是《史记》的这句"得黄金百，不如得季布一诺"。但原来的"百金"，何以变成了"千金"呢？这大概跟唐代大诗人李白不无关系。

　　李白写过一首题为《叙旧赠江阳宰陆

调》的诗，其中有"一诺许他人，千金双错刀"的句子。百金而增价为千金，大约就是由此而来。

不过《史记》的这句名言，本义是说黄金再多，也比不上信守的诺言，这是典型的古典思维；而成语的"一诺千金"，单从字面理解，倒颇有"现代"感——当什么都成了商品的时候，诺言，好像也可以花钱购买了。

牢记与遗忘

一饭之德必偿，睚眦之怨必报。

（卷七十九《范雎蔡泽列传》7/2415）

物有不可忘，或有不可不忘。夫人有德于公子，公子不可忘也；公子有德于人，愿公子忘之也。

（卷七十七《魏公子列传》7/2382）

译文：

　　一碗饭这样的恩德，一定要回报；被睚眦这样的仇怨，也一定要予以报复。

　　事物有不能遗忘的，也有不能不遗忘的。别人对公子有恩德，公子是不可以遗忘的；公子对别人有恩德，希望公子忘了它吧。

这第一句话的实际意思是，恩情再小，也必须报答；仇怨再轻，也要报复。

在《史记》的世界里，当年果真这样做了的人，是战国时代由魏入秦、官至丞相的范雎。

范雎功成名就后，曾尽散家财，答谢那些在他困难时帮助过他的人。但对出使来秦的魏国大臣须贾，则颇加侮辱：举行告别宴会时，竟让其他来宾坐堂上，吃大餐，而让须贾坐堂下，啃草豆，并命令两个脸上刺字的囚徒左右夹着，像喂马一样喂他。原因是当年范雎在魏国落难时，须贾非但不帮忙，还曾在喝醉酒后往范雎身上撒尿。

恩德必偿，当然很好。由此互相回报，绵延不绝，自然更好。

侮辱人格的怨仇，常记心头，自是情有可原。但如果因此必须以同样辱没对方人格的方式加以报复，终不免显得气量狭窄。尤其如果只是一点小怨，也非报复不可，并因此怨怨相报，没完没了，那就真的很没意思了。

思想起来，还是上面引的第二段有关遗忘的名言，意味深长。

这名言，跟一位名人的一个著名故事有关。

名人，就是战国四公子之一的魏公子无忌；著名故事，就是无忌的"窃符救赵"。

说的是当年秦军进攻赵国，围困了赵国的首都邯郸。因为战国四公子的另一位——平原君，是无忌的姐夫，所以赵国急切地盼望魏国出兵相救。但魏王却被秦军吓住了，迟迟不敢动手。

无忌在这当口，机智地盗出了可作为最高统帅军事指令的虎符，亲自率领魏国部队，成功地为赵国解了围。赵王为此和平原君商量，赠给魏公子无忌五座城池，作为答谢。

无忌无比得意，也无比开心。

但无忌门下的一位客卿，给他泼了一盆凉水，希望他在不同的情境下，学会不忘和遗忘。

这不忘,和"一饭之德必偿"意思一样;这遗忘,则要比"睚眦之怨必报"的境界,高出千千万。

很可惜,这般淡定的哲言,现而今是很少有人懂得欣赏了。而说了这般淡定哲言的智者,名字也早已被人遗忘了——《史记》里转录这话时,言说者只著一个"客"字,就是证明。

色与爱

以色事人者，色衰而爱弛。

（卷八十五《吕不韦列传》8/2507）

译文：

靠美色侍奉别人的人，一旦美色衰退，受怜爱的程度也就降低了。

《史记》里的这句话，原本是一个女人说给另一个女人听的。这听者，是战国时代秦昭王太子安国君的大太太——华阳夫人；而说者，则是华阳夫人的姐姐。不过姐姐的这番话，不是她自个儿想出来的，是有人教她说的。而这教的人，就是大名鼎鼎的吕不韦。

吕不韦原本是"阳翟大贾"，放在今天就叫商界精英，以后从政，一路做到了秦国的丞相。

吕不韦能做到丞相，靠的是懂投机，会计算。他看出安国君的一堆儿子中，唯有排次并不靠前的子楚"奇货可居"，可能成为未来的接班人，又算出生不出儿子的华阳夫人会有后顾之忧，所以用"色衰爱弛"的道理，提醒华阳夫人，应该提早主动扶植自家老公的继承者——那自然是非子楚莫属了。

结果是皆大欢喜，吕不韦最后甚至让子楚的儿子成了秦始皇——而这名叫嬴政的皇帝，其实很可能是他吕不韦的儿子，但那是题外话了。

这故事的主线，自然是政治的博弈。因此操纵这场博弈的吕不韦，颇为出彩。

但如果我们把视线转向华阳夫人，以她为故事的女主角，则女性被裹入人生博弈里的无奈，顿时毕现无疑。没别的，这位夫人参与博弈的本钱，太少，而且太单一，就一个"色"字。

以美色作为人生唯一投资的人，回报总是有限的，因为没有永远不变的美色。

顺便说一句，《史记》的这句话，原本是对女人而言的。但现而今的情势，是一样适合于男人，因为有"花样男子"。

分手的时候

古之君子，交绝不出恶声；忠臣去国，不絜其名。

（卷八十《乐毅列传》7/2433）

译文：

古代的君子，与人断绝交往时不说难听的话；忠心耿耿的臣子离开服务的邦国，不会只顾自己洗刷名誉。

天下没有不散的宴席，恋人分手、夫妻离异、朋友反目、员工跳槽，自古而然。

"好聚好散"的话，虽然人人都会说，但是果真要分手了，毕竟不开心。心头堵得慌，总好像有一口恶气要冲天而出——尤其是自觉有理的一方。

于是，不免要为自己的无辜讨个说法，进而不免破口，乃至动手。

然而即使一切都做了，还是不开心。

两千两百多年前，北方燕国的君主燕惠王，就处在同样的境地里。原因是曾经被已故的老燕王奉为上宾的乐毅，跳槽去了燕的敌国——赵国。

乐毅跳槽，自有他的理由，因为燕惠王还是太子时，就跟乐毅合不来；继位后，又中了别人的离间计，把乐毅的职位给顶掉了。

但燕惠王无法容忍部下的背叛。他特意派了一位使者，专程去赵国数落了乐毅一通。

燕惠王的数落，听起来也不无道理：乐将军您为自己打算当然可以，但是，您拿什么来报答我们老燕王生前对您的知遇之恩呢？

受了数落的乐毅，给燕惠王写了一封长信作为回应，其中就有"臣闻古之君子，交绝不出恶声；忠臣去国，不絜其名"的话。

乐毅的回应，今天看来仍不免有"絜其名"的嫌疑——"絜"在此通"清潔"的"潔"字，写成简体字，就是"洁"——因为他在信中，不断地为自己的行为辩白。

他甚至说，"善作者不必善成，善始者不必善终"，从前伍子胥没有早早地预见君主的气量有所不同，所以才落得个被赐自尽投江的可悲下场。

如此看去，双方都不免有点说过头了。

其实，在人生的某些场合，比如分手、离异、断交，既然是覆水难收，那么不图一时的痛快，说一堆令人不堪的话，以及不只顾自己洗刷名誉，而锐意攻击对方，也许是明智之举。

不说令人不堪的话,是因为那样的分手,在你依然可以有最后的尊严。

不只顾自己洗刷名誉,是因为你虽然离开了故地,却永远也无法抹去曾经的一切。

忠言逆耳

忠言逆耳利于行，毒药苦口利于病。

（卷五十五《留侯世家》6/2037）

貌言华也，至言实也；苦言药也，甘言疾也。

（卷六十八《商君列传》7/2234）

译文：

忠告的话往往听着刺耳，但对行事有好处；药力强的药吃在嘴里很苦，但对治病有好处。

浮在表面的话是花朵，蕴涵着哲理的话是果实；令人苦涩的话是可以治病的药，甜蜜的话是会带来麻烦的疾病。

"忠言逆耳"这两句,今天已经成为妇孺皆知的名言。只是"毒药"一词,虽非我们今天理解的致死之药,但大概还是因为过于刺眼,唐宋以后被改成了"良药"。并且"良药"句多在前,"忠言"句多殿后,以显示这名言的重心,全在"忠言逆耳"上。

这两句话在《史记》里,是西汉帝国的著名军师张良说的。

那年汉军经过艰苦的征战,终于攻入秦国首都咸阳。秦的末代皇帝子婴,也向沛公刘邦投降。

胜利了,流氓无产者出身的刘邦,进到秦宫,眼见宫室帷帐、狗马重宝,还有女人数以千计,有点傻掉了,就想:哪儿也别去了,就住这宫里头吧。

后来在鸿门宴上立功的樊哙,头脑还算清楚,当即劝谏,说:"沛公您是想要拥有天下呢,还是只打算做个富翁呢?"

"我当然是要拥有天下啦!"沛公的回答,倒很爽快。

樊哙就此告诫道：秦宫里的这些居室、珠宝和美人，可都是秦国之所以失去天下的根源。希望您还是赶紧回到部队原来的驻扎地——霸上，不要留在秦宫之中。

但是刘邦不听劝告。

就在这相持不下的时刻，张良登场了。

他接着樊哙的话头，跟刘邦说：秦国无道，沛公您才得以有这样的成功。为天下除残贼，还是朴素一些比较适宜。现在咱们才开进秦宫，就贪图享乐，这可是"助桀为虐"。

他还引用了"忠言逆耳利于行，毒药苦口利于病"的老话，希望沛公听从樊哙的谏言，不要呆在这里。

张良引用的这段名言，也见于《孔子家语》。逆耳的忠言，则自然是指樊哙的劝谏。

军师开口了，沛公只好接受，即刻还军霸上。

说起来，"良药苦口利于病"的道理，现

在没有谁会怀疑了。即使小儿，到患病吃药时，放声痛哭也罢，身体抗拒也罢，最终总会在父母、医生的利诱乃至威逼下，吞食或饮下"苦果"。

然而"忠言逆耳利于行"，很多人虽然从理智上能够理解并同意，感情上却依然难以接受，尤其是那些自信心较强的人。

反过来，倒是很可能成为"疾"的"甘言"，也就是其实并不善意的甜言蜜语，在人们的私心里，还是大受欢迎的。单看古往今来溜须拍马的层出不穷，就可以知道，人其实更喜欢听的，还是好话。

人言可畏

积羽沉舟，群轻折轴，众口铄金，积毁销骨。

（卷七十《张仪列传》7/2287）

译文：

堆积的羽毛，会让船沉没；大量轻便的东西，会折断车轴；许多张嘴都说话，能把金属融化；堆积的诋毁，能把人的骨头销毁。

"人言可畏"这一说法，大概要到宋代才流行。宋代以前，人们表述同样的意思，最常用的，就是"众口铄金，积毁销骨"八个字。

　　八字中的前四字，虽然已见于《国语》，但八字完整的出典，则在《史记》。

　　按照《史记》的记录，最初对"人言"发出如此令人恐怖的慨叹的，不是别人，是张仪，那位以能说会道著称的战国纵横家。

　　说是当年张仪从秦回到自己的祖国——魏，做了魏国的丞相。而实际上，他是秦国的高级间谍。

　　他的主要工作，是设法用"连横"破"合纵"——"合纵"的名称，由土地南北相连的六国联合抗秦而得；相应地，秦国的"连横"，则是要分别跟各国建立一对一的外交同盟关系。

　　他的首要工作对象，就是魏国当时的首脑魏哀王。

　　他说了很多很多，关键不外乎一点，就是魏国太弱小，不依靠秦这样的大国，很难生存。

　　之所以最后会扯到"众口铄金，积毁销骨"，是因为站在自己"连横"的立场，他不得不攻击"合纵"策略。

　　他认为鼓吹合纵的人，大多能言善辩，但很少讲诚信——其实他自己也差不多——因为这些人说动一国的诸侯合纵，便很快能封侯，所以天下游士都蜂拥而至，而君主们听着那些表面华美的言辞，很难不被说晕了。

因此，他举了"积羽沉舟，群轻折轴，众口铄金，积毁销骨"的俗语，提醒魏哀王，对纷纭的众说，要有一个自己的判断。

显然，这时从张仪口中说出的"众口铄金，积毁销骨"，跟我们熟悉的"人言可畏"，在意思上还有一点细微的差异：前者主要陈述"人言"的惯性力量，并不针对具体的个人而言，基本上还是中性的；后者转为指示"人言"的破坏性威力，一般专指针对某一个体的群体性发言，已经呈现其灰色的贬义。

这后一种通常意义上的理解，其实在《史记》中也已有现成的例子。

《鲁仲连邹阳列传》中的山东书生邹阳，在梁地游说时，遭人嫉妒，中谗言而下狱。他给梁孝王写申诉信，其中就引了"众口铄金，积毁销骨"的成语。

值得注意的是，张仪的说法，在《战国策》的"魏策一"里，也有记载，但仅有"积羽沉舟"等前三句，而无最后的"积毁销骨"一句。而迄今我们见到的此句的最早出典，基本上都是汉代文献。因此，《史记》张仪所说名言中，"积毁销骨"四字，也许是司马迁根据情节和现实添加的，亦未可知。

另外，关于"众口铄金"，汉代还曾流行一个故事，不妨迻录在此——

或说有美金于此，众人或共诋訿，言其不纯金。卖者欲其必售，因取锻烧以见其真。是为众口铄金也。(司马贞《史记索隐》引《风俗通》)

其中的"美金"，自然不是指今天的世界性货币——美元，而是指上好的金属。和一般的理解不同，这个故事，给"众口铄金"这一成语的本义，赋予了一个完整而且富于戏剧性的情节。

据唐朝人司马贞说，这个故事出自《风俗通》。但在今本的《风俗通》里，我们没有找到。

知　音

谚曰:"有白头如新,倾盖如故。"何则? 知与不知也。

(卷八十三《鲁仲连邹阳列传》8/2471)

译文:

　　谚语说:"有的人交往到头发都白了,还是好像刚刚认识似的;也有的人,只不过半路上坐车的车盖偶然倾斜接触而相遇,就好像老朋友一样。"为什么? 那是知心与不知心的缘故。

上一篇提到的邹阳,是西汉时候梁孝王的门客。他经常上书孝王,让同僚很是嫉妒。

有一回,同僚们终于找到个机会,在梁孝王跟前,狠狠说了邹阳一通坏话。结果孝王大怒,把邹阳逮了起来,还打算就地处决他。

邹阳原本是齐人,来梁地工作,也算是引进人才,如今闹到被人进谗言,蹲大牢,想想都要死了,还背个黑锅,十分不爽,就在狱中给梁孝王写了封申诉信。

上面这段话,就出自邹阳的申诉信。

在引用"有白头如新,倾盖如故"这一谚语的前后,邹阳给梁孝王举了几个历史事例。其中既有卞和献玉的悲凉情节,也有苏秦相燕的欣慰故事。

前者说的是,卞和献璞玉,所献因被误认是普通石头,而先后被两位楚王砍了双脚。

后者讲的是,苏秦做了燕国丞相,有燕人在燕王跟前诋毁他。燕王很清醒,一面按剑怒斥说坏话的,一面还特意给苏秦送山珍海味吃。

邹阳的意思是,主子和臣下之间,是否互相信任、肝胆相照,直接决定双方的相知程度。

邹阳引用的古谚,则令人不禁联想起中国的一句古话,叫

"知人知面不知心";还有时下的一句新流行语,叫"不要和陌生人说话"。

在人人不得不提防着对方的今天,信奉这些的,自是大有人在。而那结果,便是"白头如新",无论同事、朋友,甚至夫妻,互相之间都没有真正的了解,到老,到死,都还像刚刚认识——看许多人断交时,愤愤地说"我总算认得你了"之类的话,就知道前此的他或她,其实并不清楚地认识对方。

也有另一种情形。

上世纪八十年代,我经常奉命去北方出差。那时宾馆啊标准间什么的还没普及,我也就找个便宜的招待所住。经常是两个乃至三四个素不相识的人合住一间,于是免不了闲谈。如果谈得投机,则又免不了一起吃饭、喝酒。

但是经常的情形,是今晚谈得很投缘,乃至一起干杯过的那位老兄,明天一早就悄然离开了,而我,有时却连对方姓甚名谁都记不清,或者根本不知道。

这样的事,要是发生在今天,接下来我肯定会被严肃地盘问:他是否把你的钱包给偷走了?

但是,没有。那个年代,我遇见的所有可以这样交流的朋友,没有一个是今天所谓的坏人。

人的相知,尤其是知心,确实不易。但是,各人都把真实的内心包裹起来,同时期待对方敞开心扉,彼此交流无碍,那也是白日做梦。

二十世纪八十年代之所以值得留恋,是因为那时的人际交流更简单,也更率真。"倾盖如故"那样的古风场景,像我这样愚笨的人,还有机会亲身体验,并且没有遇到危险,便是证明。

朋　友

苟富贵，无相忘。

（卷四十八《陈涉世家》6/1949）

一死一生，乃知交情。一贫一富，乃知交态。一贵一贱，交情乃见。

（卷一百二十《汲郑列传》10/3114）

译文：

如果发财了做官了，不要忘记老朋友。

一个死了一个活着，才可以知道他们是否有交情。一个贫穷一个富有，才可以知道他们交往的状态。一个高贵一个轻贱，交情才显现出来。

"苟富贵，无相忘"一类的话，《史记》里多次出现，且大多是秦汉时人说的。

　　汉高祖的诸位太太里，有一位薄姬，就是后来给刘邦生了个儿子做代王，人称薄太后的，在她年轻的时候，就曾和几位小姐妹约定："先贵无相忘。"意思是谁先发达了，可别忘了姐妹们——但她的两位后来受皇帝宠信的小姐妹，还是把她给撂下了。

　　汉武帝时的卫皇后，发迹前是平阳公主家的年轻歌手。一次偶然的机会，汉武帝不仅听到了她的歌声，还喜欢上了她。平阳公主因此顺水推舟，把她送给了武帝。入宫前，平阳公主拍着她的背关照说："即贵，无相忘。"这是把她作为一项政治投资了。

　　但最著名的，还是这句"苟富贵，无相忘"。那是后来成为秦末农民暴动一号人物的陈胜，还在乡下受雇给人耕地时说的。

　　说这话时，一旁的穷兄弟们还笑话他："你帮人耕地，哪会有什么发财做官的机会呢？"

但陈胜后来果然富贵了，振臂一呼，做起了大王。

当年一起耕地的穷兄弟，这时径直去找他。陈胜倒没有食言，不仅接待了，还让一帮老朋友坐着他的专车回家。但穷兄弟们不知轻重，无意间把他的老底都揭出来了，结果自然是咔嚓——杀头。

俗话说："一阔脸就变。"身份地位的改变，令许多意志脆弱者，不得不放弃或者背叛往昔的友谊。于是，朋友之间在判定友谊的真确程度和深入程度时，往往取一些极端的两极，作为验证的依据。上面的第二段文字，即由此而来。

生死、贫富、贵贱，如果有一份情谊，可以超越它们之间的差异，而获得永恒，那么双方必然是真心朋友了。

话又说回来，这样的朋友，多半是还能说"苟富贵，无相忘"的年纪就结交下的，过了那时辰，大概就很难找到了。

下属和上司

上常从容与信言诸将能不，各有差。上问曰："如我能将几何?"信曰："陛下不过能将十万。"上曰："于君何如?"曰："臣多多而益善耳。"上笑曰："多多益善，何为为我禽?"信曰："陛下不能将兵，而善将将，此乃信之所以为陛下禽也。且陛下所谓天授，非人力也。"

（卷九十二《淮阴侯列传》8/2628）

译文：

　　皇上曾经从容地跟韩信谈论各位将军是否有才能，看下来各有不同。皇上问韩信："像我你看能率领多少部队?"韩信回答："陛下您不过能够率领十万人马。"皇上又问："那么你怎么样?"韩信回答："臣下我是越多越好啦。"皇上笑着问："越多越好，那你怎么会被我擒获呢?"韩信说："陛下您是不能率领士兵，却善于率领将军，这就是我韩信为什么会被陛下您擒获的原因。再说陛下您的能力是上天赋予的，不是一般人的力量。"

在所有的人际关系中,下属和上司的关系,大概是最难以捉摸的。

因为不是路人,有些事,不得不说。

因为大都没有亲情,许多事,又不能直说。

韩信,当年在汉朝开国皇帝刘邦手下做大将,就因为没有从一开始就注意这个严肃的问题,差点栽个大跟斗。

故事人人都知道,就是那个"韩信将兵,多多益善"成语的出典。

当韩信对开国皇帝说,陛下您不过能够率领十万人马,这时候已经蛮危险了——刘邦的手中,哪里止十万人马?要是他只有带十万兵的能耐,那别的兵谁更有资格带呢?

更危险的是,韩信竟然对刘邦说,他韩信带兵的能耐,是越多越好——言下之意,绝对超过皇上。

"越多越好,那你怎么会被我擒获呢?"这话刘邦虽然是"笑曰"的,我们分明还是能感到一阵阴气。

回溯这场意味深长的对话，可以发现，韩信的失误，在把领导军队的事情，当作一项纯技术的工作。因为是纯粹的技术，所以比较起来，十分直观方便。

而在刘邦看去，何处没有政治，尤其是当领导。而政治的比拼方法，绝不是韩信想象的那般简单。

好在韩信觉悟得快，赶紧用"将兵""将将"的一套理论蒙混过去。为了保险起见，临了他还拍了个相当肉麻的马屁，说刘邦的才能是"天授"的。

马屁人人爱听，刘邦就此放他一马。

医患关系

人之所病，病疾多；而医之所病，病道少。

（卷一百五《扁鹊仓公列传》9/2793）

医生被誉为"白衣天使"。但其实,他们也是人,和病人一样的人。

两千年前,司马迁就注意到,病人和医生,面临的问题不尽相同。他在给古代神医扁鹊和汉代名医仓公各写一篇传记的中间,特地写了上面的这段话。其中表述的,用现在的话说,就是医患关系。

人类疾病的种类,好像是在不断地增加。我们看大医院科室越分越细,看牙齿的,不负责看眼睛,就知道即便扁鹊再生,恐怕也难为名医——搞不好他哪个科室都进不了,因为他太不"专业"了。

但话又说回来,现在医生的专业是十分明确了,不过病人进了医院,千篇一律要去做仪器检查,而且到了没仪器就不能看病的地步,这医生之"道",是否也真的太少了些?

就司马迁提出的这一层面的问题而言,医患之间紧张关系的解决,一方面是病人自己要努力少生病,以此可以少为难医生;另一方,医生也要努力加餐饭,多多练些扁鹊的本领，而不要总也脱离不了仪器。

司马迁在讨论了上述医患关系后，接着还从医生的角度告诫病人，有六种情形，属于不治之症：

故病有六不治：骄恣不论于理，一不治也；轻身重财，二不治也；衣食不能适，三不治也；阴阳并，藏气不定，四不治也；形羸不能服药，五不治也；信巫不信医，六不治也。有此一者，则重难治也。

这六不治之中，排在前三位的依次是病人蛮不讲理，看轻身体而重视钱财，衣食不当；后三条则是阴阳互窜、气血不定，身体条件太差已无法下药，相信巫术而不信医药。

看来司马迁也通医术，而且关注的是宏观问题。

生者与死者的对话

谛曰：死者复生，生者不愧。

（卷四十三《赵世家》6/1814）

译文：

　　谚语说：要让死去的人即使又活过来，活着的人也不感到羞愧。

战国时代，以"胡服骑射"闻名的赵武灵王，在选接班人的问题上，出了点麻烦。

本来是选定了大儿子公子章，好好地做着太子的。不料赵武灵王喜欢上了一个被唤作吴娃的女人，还生了个小儿子公子何，结果废了公子章的太子身份，而把公子何推到了最高领导岗位上，是为赵惠文王。

赵惠文王执政后，赵武灵王做起了太上皇，自称"主父"。后来吴娃死了，这主父渐渐觉得赵惠文王其实不咋样，便怀念起了废太子公子章。怀念的结果，是想让两位公子都称王，正在左右犹豫中，麻烦就来了——公子章不服弟弟公子何，要准备闹事了。

公子何做了赵惠文王后，给他做丞相的，是前朝老臣肥义。章、何两公子矛盾渐次激化的当口，有人劝肥义：你现在任重势大，一旦祸乱爆发，首当其冲遭殃的，肯定是你。你何不称病不干了呢？

肥义没有接受劝告。他回答好心的友人，主父当年把赵惠文王托付给他，自己是作了认真承诺的。如果"进受严命，退而不全"，做人还有比这更严重的失误么？

"死者复生，生者不愧"这句谚语，也是肥义在这次的回答里引用的。意思是做任何事情，应该经得起长时间和特殊境遇的考验。

人到中年以后，亲人辞世，老友永别，这样悲痛而无奈的场景，免不了都要经历。但是诀别的悲痛淡忘以后，大概很少有人会扪心自问：如果生命可以重来，我和已逝的亲友重逢，离别以后我的所作所为，果真可以毫无愧色么？

这也没什么可以惊讶的，因为现代人都已经"唯物"了，不信鬼了。

倒是当年的那位赵相肥义，用自己的生命，诠释了这一谚语。

为了保护辅佐的赵惠文王，肥义特意发了一道命令：从今以后，凡有召唤惠文王的场合，我一定要先去面见，确证没有问题,惠文王才可以进去。

后来公子章等假借主父的名义,召唤赵惠文王,肥义便先去了。

他这一去,就再也没有回来。

民以食为天

王者以民人为天，而民人以食为天。

（卷九十七《郦生陆贾列传》8/2694）

一日不作，百日不食。

（卷四十三《赵世家》6/1802）

译文：

君王把老百姓当作天大的事，而老百姓把吃饭当作天大的事。

一天不耕作，一百天吃不上饭。

传统中国社会以农业为本。"民人以食为天"这句话,无人不知,无人不晓。

但这话出自《史记》,是一个汉朝人说的,大概并非人人知晓。

那是汉朝初建的第三年,楚汉之间,正进行着烦人的拉锯战:项羽的楚军,攻取了汉地的荥阳;而汉军的韩信部和彭越部,则分别击破了楚属的赵、梁二地。失去荥阳的汉军,撤退到了巩、洛之地。楚军则兵分两路,驰救梁、赵。

刘邦觉得,自己的部队几度被困在荥阳、成皋一带,好不晦气,就想索性丢了成皋以东,屯兵巩、洛,对抗楚军。

这是个完美的计策么?

恐怕不是。

看出其中的问题,并敢于向刘邦提出不同意见的,是陈留高阳人郦食其。

郦食其的谏言,以"臣闻知天之天者,王事可成;不知天之天者,王事不可成"为开头。所谓"天之天",就是比天更高、最最高的意思。

接着，他道出了千古名言："王者以民人为天，而民人以食为天。"这前半句，出自《管子》；而后半句，或许是他的创造，亦未可知。

郦食其之所以特别关注"食"，也就是吃饭问题，是因为他注意到，距荥阳不远，有个自秦代以来就是国家粮仓的地方——敖仓。

他说，敖仓里至今还藏着很多粟米，而楚人占领荥阳后，却不坚守敖仓，而引兵东进，只留了些谪戍的兵卒，分守成皋，这是老天在帮汉朝的大忙啊。

他希望刘邦立即发兵收复荥阳，占领敖仓，再据守天下险隘，那么就可以"天下知所归矣"。

天下后来的确归了刘邦，敖仓的确成了汉代的大粮仓；"民人以食为天"的话，也就此广为流传。

说起吃饭问题，《史记》里还有一句名

言,不可不提,就是上面的第二段文字。

这八个字,见于《赵世家》。说是更早的春秋时期,赵肃侯不务农事,玩心颇重。一心挂念农业的大戊午,斗胆上前拉住肃侯的马,道:"耕事方急,一日不作,百日不食。"肃侯忽然醒悟,下了马车,还给大戊午道了个歉。

这样的场景,今天想象起来,真有点动画片的味道了。

万物无绝对

智者千虑，必有一失；愚者千虑，必有一得。

（卷九十二《淮阴侯列传》8/2618）

鄙语云：尺有所短，寸有所长。

（卷七十三《白起王翦列传》7/2342）

译文：

聪明人考虑了上千次，难免有一次失误；愚笨者考虑了上千次，总会有一次收获。

俗话说：一尺有它的短处，一寸也有它的长处。

上面的第一段话，本自《晏子春秋》，原来是作："圣人千虑，必有一失；愚人千虑，必有一得。""圣人"被改作"智者"，最早见于《史记》的《淮阴侯列传》——想来圣人毕竟稀罕，而有智慧的人，则相对要多一些吧。

　　《史记》里引这古语，还牵涉到一场惊心动魄的战斗，就是著名的"背水一战"。

　　还是楚汉相争时候的事儿。说是汉将韩信，先是偷袭魏国首都成功，俘虏了魏王，紧跟着又把进攻的矛头指向了赵国。

　　负责赵国军事工作的，是成安君陈余。辅佐成安君的，是广武君李左车。广武君真懂军事，建议出奇兵，抄小道，从背后截断韩信的辎重和粮食。成安君是书生，嘴里常念叨的，是"义兵不用诈谋奇计"，所以广武君的计策，竟不被采纳。

　　战斗打响了。

　　韩信指挥的汉军，正面是摆了个背靠河流的方阵，双方交战几个回合后，汉兵假装敌不过赵军，退回到水上大本营里。赵军见有如此战机，岂肯放过，于是全力进攻，仿佛胜利在望。对面的汉军没了退路，只好拼死抵抗——"背水一战"的好戏，就这样上演了。

赵军没有料到的是，汉军轻骑两千人，这时正乘赵军倾巢出动，抄小道插入其军垒，把赵方的军旗，都换成了汉军的旗帜。正一意进攻的赵国将士，回望满营汉旗飘飘，误以为老巢已被挖了，阵脚大乱，就此一败涂地。

这场战斗的直接结果，是成安君遭斩首，广武君被俘虏。

韩信到底是军事家，知道同样是军事家的广武君的价值。当部下押着五花大绑的广武君到他跟前时，他亲自给对方松绑，还十分诚恳地拜广武君为师。

广武君着实是被感动了。

当韩信向他讨教，接下去北攻燕，东伐齐，该怎么干才能成功时，广武君便道出了"智者千虑，必有一失；愚者千虑，必有一得”的名言。

广武君确实很机智。他首先给韩信戴高帽子——“智者”，自然，他自个儿就暂时屈居“愚者”了。

但他紧接着指出了“智者”的失算：目前汉军如果进攻燕、齐，必然是打疲劳战，要是战争拖下去，胜负就不好说了。

他同时也献出了“愚者”的一得之见：案甲休兵，犒劳辛苦征战的将士。而后运用外交和宣传手段，逼燕、齐就范。

“智者”和“愚者”，此时仿佛是错位了。这倒正应了上面的第二句名言，所谓“尺有所短，寸有所长”——那是司马迁在给白起、王翦写传时引的俗语，因为这两位战国时代的秦国将军，都曾有辉煌无比的战功，又都无可挽回地走向毁灭——这八字名言，简单明了，说得还真好。

万事万物，本无绝对之理。就人生而言，谁没有失算的时候，又哪里来什么永远的常胜将军。

大国风范

太山不让土壤，故能成其大；河海不择细流，故能就其深；王者不却众庶，故能明其德。

（卷八十七《李斯列传》8/2545）

译文：

泰山不辞让任何土壤，所以能够成就它的高大；江河大海不选择排除细小的支流，所以能够成就它的深沉；做最高领袖的不拒绝普通大众，所以能够彰显他的品德。

秦始皇十年，当公元前 237 年。

这年秦国上下突然一片紧张，官方布告，明令驱逐所有的外国人。

事情的缘由，还得从秦国新修的那条水渠，后来被唤作"郑国渠"的说起。

郑国，是一个韩国水利工程师的名字。此人负责主持该水渠的修建，而事实上，他是韩国的间谍。

韩国间谍，何以热心帮秦国修水渠？原来这是韩国领导人的如意算盘，觉得修水渠颇费人工，既费人工了，那样秦国就不会东进侵略韩国了——其实也是白日做梦。

梦，果然破灭了。郑国的身份，不久就暴露了。

秦国的王室成员，和一帮高级官僚，由此迁怒于所有在秦的外国人。他们跟秦始皇说："这些来我们秦国工作的外国佬，多半是为了他们各自的君主来充当间谍的，还是统统驱逐了吧。"

秦始皇批准了这一建议，即日下达逐客令。

这时，有一个外国人，不甘心就这么不明不白地被赶走，在启程离开的半路上，斗胆给秦始皇写了一封申诉信。

此人就是由楚入秦，前此已官拜客卿的李斯。

李斯的信里，中心的话题就两个：一是举实例，就是历史上的秦国，请了哪些外国名流来工作，结果大获成功；二是讲道理，说明一个大国，要真正实现其宏伟的抱负，该有怎样的胸怀。

他举的实例，没什么新花样，不过就是缪公请百里奚治国、孝公用商鞅变法之类。

他的说理，倒不无创意。

他对秦王说，您喜欢的很多东西，美玉、明珠、宝剑、骏马，都不是秦国国产的。您放弃秦国特有的击瓮、叩缶和弹筝，而单用郑卫昭虞之乐，不就是因为那些外国乐曲好听么？

现在您不问可否，不论曲直，只要不是秦国人，一概驱逐。那么，秦国真正看重的，好像是美色、音乐、明珠、宝玉，而轻视的，恰好是人才，这可不是想要"跨海内制诸侯"的大国该用的办法啊。

那段以"太山不让土壤，故能成其大"为开头的话，就在这样的背景下，出现在了李斯写给秦始皇信的后半部分里。

这段话的关键，是说大国要有一种弘阔的格局，一种众望所归的气势。

这话并非李斯凭空创造。春秋时候，管子就有"海不辞水，故能成其大；山不辞土石，故能成其高"的名言，而文子也曾以类似的句式说:"圣人不让负薪之言,以广其名。"

但李斯说这话,现实的目的更为明确,就是他不希望秦国气度狭隘的逐客政策,吓跑天下才士,最终帮了敌国的忙,令秦国走上危险的道路。

据说秦始皇读了这封信,马上派人追赶已经离开的李斯。一直追到一个叫骊邑的地方,总算把这位心向秦国的外国贵宾给追了回来。

逐客令就此废止,李斯官复原职。

十六年后,秦统一了中国。

骑马岂能治天下

陆生时时前说,称《诗》《书》。高帝骂之曰:"乃公居马上而得之,安事《诗》《书》!"陆生曰:"居马上得之,宁可以马上治之乎?"

(卷九十七《郦生陆贾列传》8/2699)

译文:

陆贾常常给汉高祖讲课,称道《诗经》和《尚书》。高祖骂骂咧咧,说:"老子是骑在马上得到天下的,哪里用得上什么《诗经》《尚书》!"陆贾回应道:"骑在马上得到了天下,难道还可以在马上治理天下么?"

汉高祖刘邦发迹之前,喜欢酒色,爱说大话,但没学过什么手艺。书,自然也没读过几本。

坐上皇帝宝座之际,身边多了几位读过书的谋士,陆贾就是其中之一。

在给高祖正式讲课之前,陆贾是以出差南国,说服南越王接受汉印一事出名的。当时的南越国,尚在汉朝控制区之外。

他的口才实在好,令南越王大有相见恨晚之感,说:"南越国里没人可以谈得上话,直到你来了,才让我每天闻所未闻。"

但到给最高领袖刘邦讲课了,他的好口才,遇到了对方的没学问,常常是对牛弹琴。

这牛人还以骑马得天下而自豪。

陆贾讲课时经常提到的《诗经》《尚书》,也是这牛人最讨厌的——忍不住要破口大骂。

但陆贾还是有办法,一句"骑在马上得到了天下,难道还可以就在马上治理天下"的反问,虽让刘邦这牛人不开心,却也使他有了些惭愧。

当然,说这话之外,陆贾还举了一串的历史事例,努力让刘邦明白:在马鞍上办公,毕竟不牢靠;治理国家,还是斯斯文文的好。

他甚至给刘邦作了这样的假设："要是当年秦国统一六国后，施行仁义，效法先圣，陛下您哪可能得到如今的天下？"

刘邦到底是政治家，听懂了。他主动要求陆贾："你给我写几篇文章，专门探讨秦失去天下，我得到天下，原因究竟在哪里，还有古代各国的成败经验。"

陆贾这位高级辩才和宫廷讲师，自此义成了汉朝的政治理论家。他为汉高祖撰写的政论性内参，完成一篇，就上奏一篇，篇篇都得到刘邦的赞赏。

他总共写了十二篇，流传至今，就是《新语》一书。

如何识人

吾以言取人，失之宰予；以貌取人，失之子羽。

（卷六十七《仲尼弟子列传》7/2206）

谚曰：相马失之瘦，相士失之贫。

（卷一百二十六《滑稽列传》10/3209）

译文：

　　我单凭言辞判断一个人的价值，所以看错了宰予；单凭相貌判断一个人的价值，所以看错了子羽。

　　有句谚语说：评判一匹马是否好马时，会因为马长得瘦，而错失了它；评判一个读书人是否有价值时，会因为他贫困，而错失了他。

孔夫子的七十二弟子中,有两位是孔子看走了眼,后来颇加反思的,那便是宰予和子羽。

宰予字子我,在孔门中以"利口辩辞"著称。孔子当年招他做学生,大概也很为他的能言善辩所迷惑。但进门以后,此公的缺点就暴露无疑。最出名的,是大白天睡懒觉。孔夫子所谓"朽木不可雕也",骂的就是这位老兄。

据《史记》记载,后来宰予在齐国做了临淄大夫,因为卷入一桩叛乱事件中,被灭了族,让孔子深感耻辱。

子羽就是澹台灭明——名字有点后来武侠小说人物的味道——子羽是他的字。据《史记》的《仲尼弟子列传》说,其人"状貌甚恶",也就是长得十分困难,所以最初孔子面试时,认为他"材薄"——用今天的话说,便是资质比较差。

但就是这位其貌不扬,而被判为"材薄"的子羽,入孔门,出孔门,都干干净净,处世从不走旁门左道,不是公事,决不到当官的那里串门子。后来南游到长江一带，好名声流播于诸侯之间，弟子还多达三百人，让孔子很是欣慰。

"吾以言取人，失之宰予；以貌取人，失之子羽"的话，是夫子听说子羽成名的消息后，发出的感慨。

一正一反、适相对照的例子，竟都发生在先圣孔子身上，可见识人的确不易。而追寻夫子之所以接连有此两"失"，恐怕和人际交往中的愉悦感不无关联。

美的容貌、美的言辞，自然是最容易引动人的愉悦感的。所以只要有类似面试的场合，外形好、会说话的，总是要合算些。但是人际交往的另一面，是日常的工作与生活。既是日常，则再美的容貌，看久了也会觉得稀松平常，何况美貌这东西还无法永远保持下去；而再动听的言辞，说多了也会令人厌烦，要是就会说几句空洞的漂亮话，麻烦则更大。

无奈人这种动物，是需要获得持续新

鲜的愉悦感的。所以当既往的美貌美言，成为昨日黄花时，面对新的美貌美言，人们还是免不了重蹈覆辙。

如何选拔干部

　　居视其所亲,富视其所与,达视其所举,穷视其所不为,贫视其所不取,五者足以定之矣。

（卷四十四《魏世家》6/1840）

　　语曰: 不知其人,视其友。

（卷一百二《张释之冯唐列传》9/2761）

译文:

　　平常时候看他亲近谁,富了看他拿什么东西给人,发达了看他举荐什么人,落难时看他不做什么,贫困时看他不拿什么,这五个方面,足以判断一个人了。

　　俗话说:不了解某个人,就看看他交的朋友。

魏国最高统治者魏文侯执政二十五年之际，为丞相的人选犯难了。

他特意请来李克做参谋，提出两个人选——魏成子和翟璜，让李克二选一。

李克没有明确说选谁，却向魏文侯推荐了一套选拔方法，就是上面第一段以"居视其所亲"为开头的话。

魏文侯绝顶聪明，听懂了李克的话，马上说："先生请回家休息吧，我的丞相已经选定了。"

李克却没有回家，去了两位候选人之一的翟璜的家里。

翟璜不知从哪里得到李克被征询丞相人选的消息，迫不及待地探问结果。李克倒也爽快，告诉他：魏成子要做丞相了。

翟璜一听结果如此，自是非常不平。他向李克列举了自己为魏国荐举多位名臣的先进事迹，并反复强调："我哪里输给魏成子了？"

李克把教给魏文侯的那套选拔方法，一字不差地给翟璜复述了一遍。最后直截了当地对翟璜说：魏成子虽拿千钟俸禄，却十分之九散在外面，十分之一留在家里，所以在东方访得卜子夏、田子方、段干木三位贤人。三位来到魏国，国君都拜他们为师。而你所推荐的五个人，国君都只让他们做臣僚。

"你哪里能跟魏成子相比?"李克也把这话重复了两遍。

不过话又说回来,仔细读读李克给魏文侯开的选拔丞相要点,倒也并没有特别的新鲜处。关键是从一而至于五的"视",也就是"五看",其涉及面之广,颇能给人以深刻的印象。而要实现这五看,又非有较长时间不可。如此则左看右看,上看下看,横看竖看,考察的结果,自是比较稳妥了。

其实,何止选丞相、挑干部,就是你要了解任何一个人,不也是考察的角度越多越好么? 实在不行,就如同上面第二段话"视其友",看看那个人交了什么样的朋友,也大致可以猜测,那位你可能要打交道的老兄,大概是怎样的人物。

良妻与良相

家贫则思良妻,国乱则思良相。

(卷四十四《魏世家》6/1840)

译文:

　　家里贫穷,就想有位好妻子;国家动乱,就想有位好丞相。

这是战国时候，魏国臣子李克给魏文侯讲过的一段名言。后来魏文侯选丞相，举棋不定时，又把这话复述给了李克听。

"家贫则思良妻"，说得真对，真是好温馨哦。

但这话剥开来看，其实纯粹是男性话语霸权下的自我妄想。不信你到《史记》里去找，穷男人身边有个好妻子的，几乎找不到。

倒是有相反的例子。

战国名嘴苏秦，发迹之前，学习辩论术，云游四方，一度穷困潦倒。回到家里，本想得些安慰，不料反遭妻妾的白眼数落："大家都在做生意，赚大钱，你倒好，学什么动嘴皮子的辩论术。现在被套住了不是，活该！"

汉高祖时候的名臣陈平，长得一表人材，但年轻时候实在太穷，到了可以娶媳妇的年龄，富人家自然不肯把女儿嫁给他，连和他一样穷的，也耻于和他结亲。最后娶到的,是个嫁了五回,回回都让新婚丈夫一命呜呼,没有人敢再娶的女人。

这,就是所谓的人生实相吧。

但说到"国乱则思良相",倒还真能在《史记》里,找出个"乱世良相"的正面的例子来。

还是那个当了克夫女人第六任丈夫的陈平。他命大,没被克死,竟还坐到了汉朝丞相的位置上。

这年汉高祖刘邦死了,刘邦的太太吕后掌握了中央大权。渐渐地,高级官僚里多了很多姓吕的人。渐渐地,朝廷好象也不姓刘,而姓吕了。

这国家,真有点乱了套。刘邦时代的老臣们,都看不下去了。等到吕后一死,陈丞相便暗中和军界首领周勃联手,彻底解决了吕氏问题。

陈丞相之所以出手,不是因为他个人的生活质量在吕家执政时代受到影响,而是因为作为受过高祖恩惠的老臣,对刘家天下,怀有一份发自内心的道德责任感。

不过,"家贫则思良妻,国乱则思良相"的话,放到现代社会说,毕竟有点空。

当一切都可以用金钱来衡量时,男性一旦贫穷,再想找位好妻子,多半是白日做梦——倒是本来的好妻子,因为不堪贫穷,极易弃他而去。

又比如国际政治中,假设一个政府一旦腐败,你再求其中管事的廉洁奉公,也近乎天方夜谈。

所以时过境迁,倒可以改此句作:"家贫莫思良妻,国乱莫思良相。"言外之意,家,最好还是别穷;国,最好还是别乱。

因为,真到了那时节,你思,你想,多半也是白思想了。

主宰是一门学问

里中社，平为宰，分肉食甚均。父老曰："善，陈孺子之为宰！"平曰："嗟乎，使平得宰天下，亦如是肉矣！"

（卷五十六《陈丞相世家》6/2052）

译文：

　　乡里举行祭神的仪式，陈平做主持，割肉分食，做得非常平均。乡里的长辈都说："好，陈家孩子这个主持人当的！"陈平则感慨："唉，要是能让我陈平主宰天下，也可以做到像割这肉一样啊！"

"主宰"这个词，如今一提起，就让人联想到一连串的政治话语，比如主宰天下、主宰他人的命运，等等。

然而，它最初的意思，不过就是主持分割大块的肉。

上面这段文字，说的是西汉名流陈平，年轻时候当割肉主持人的故事。

在乡间庄严的祭神仪式上，有机会做分割肉食的主持人，大概跟陈平长得高大英俊有关。他是地道的农民出身，最初的日子，颇为艰难。据说当年有人还好奇：

"陈平家够穷的，他吃啥长得这么壮呢？"

"也就是吃糟糠罢了。"他嫂子替他回答。

但陈平有资格当祭神仪式的割肉主持人，恐怕主要不是因为他的长相好，而是因为他的手艺佳——他有一手公平分肉的绝活。

父老们的一致赞誉，说明了这点。

不过，年轻的陈平，并不想仅仅做个割肉水平高超的技师。

一句"使平得宰天下，亦如是肉矣"的感慨，让人明白，这位美男的心中，别有一番远大的理想。

中文，真是很有意味的文字。

那个"宰"字,既可以照字面意思,表示宰割肉食的动作;也可以按照宽泛的理解,指代主宰万物的举措。

主宰天下的雄心壮志,和主持乡间分肉的朴素现实,就这样被一位年轻的农家割肉师傅,以一种语辞类比的形式,联系了起来。

这倒还不是乱比。因为他发现，二者具有同样的要素——公平。

如此说来，主宰还真是门学问。而掌握了这门学问的陈平，后来果然坐到了"宰天下"的位置上：他成了汉代辅佐帝王的最高行政长官——丞相，也就是历代通称的"宰相"。

用人的韬略

夫运筹策帷帐之中，决胜于千里之外，吾不如子房。镇国家，抚百姓，给馈饷，不绝粮道，吾不如萧何。连百万之军，战必胜，攻必取，吾不如韩信。此三者，皆人杰也，吾能用之，此吾所以取天下也。

（卷八《高祖本纪》2/381）

译文：

　　在军帐之中出谋划策，决定千里之外战斗的胜负，我不如张良。安定国家，抚慰百姓，保证食品的供应，使运输军粮的道路畅通无阻，我不如萧何。组织百万大军，战斗一定获胜，进攻一定攻克，我不如韩信。这三个人，都是人中的俊杰，我能够用他们，这才是我能夺取天下的根本原因。

汉朝初建,高祖刘邦在洛阳的南宫,大摆了一次庆功的酒宴。

席间他即兴发言,开场白还说得挺诚恳:"在座的各位诸侯武将,大家千万别跟我隐瞒啥,都说说真实的情形。"

说啥呢?

他要大家告诉他:"我之所以拥有天下,原因何在?项羽之所以失去天下,原因又何在?"这问题,照实说,蛮自恋的。

可皇帝发话了,自然要有接茬的啊。两位将军,一位叫高起,一位名王陵,相继应对。

两人还挺会说话,知道在这样的场合,先抑后扬,绝对有效。

他们说,陛下您轻慢人,而且经常侮辱人;项羽则讲仁义,对人有爱心。

但是,陛下您派人攻城略地,凡是攻克的,就顺势送给了进攻的将军,这是和天下人共同分享利益。

项羽则妒贤嫉能,加害有功劳的人,怀

疑善良的人。部队打胜仗了，却不给人记功；获得土地了，也不跟人分享利益。这就是他之所以失去天下的原因。

高祖听到如此表扬，自然舒坦。

但他还是要说些有创意的，否则怎么叫最高领袖呢。

他说："你们是只知其一，不知其二。"

那么，这"二"，究竟是什么呢？

就是上面这一大段以"夫运筹策帷帐之中"为开头的话。

这段话，表扬了三个人——张良（子房是他的字）、萧何和韩信。

而从用人角度看，这段话表扬的，其实还是刘邦他自己：夸自己如何擅长人员配置，以达到部队领导班子的最佳组合。

看那表扬的方向，可知张良等于参谋总长，萧何等于后勤总长，至于韩信，则是直接带兵打仗的集团军总司令。

在三个相互关联的军事要害部门，安

排了三位一流人物主持工作。如此配置，前方和后方，计划与实施，自然珠联璧合，天衣无缝。

所以刘邦很得意，说："项羽有一范增而不能用，此其所以为我擒也。"

言说的胆量

千羊之皮，不如一狐之掖；千人之诺诺，不如一士之谔谔。

（卷六十八《商君列传》7/2234）

译文：

一千只羊的皮，不如一只狐狸的腋毛；一千个人的唯唯诺诺，不如一个士人的敢说敢辩。

春秋后期的晋国,掌握实权的,是赵简子——那位在东郭先生和狼的故事里出现过的将军。

赵简子的手下,有位大臣名叫周舍,以敢言直谏闻名。

据说,有一回,周舍为了面见赵简子,在赵家门外站了三天三夜。

赵简子派人带话问他:"你要见我,到底为了啥事?"

周舍的回答,十分顶真:"我希望做一个敢说敢辩的臣子。用笔墨书写简牍,专门纠察您的过失。每天有所记录,每月有所成就,每年有所贡献。"

他这样说了,也果真这样做了。

后来,周舍死了。赵简子每到听朝的时候,总有一种说不出的难受,不开心。

属下们都紧张了,赶紧向上司请罪:是不是咱们做错了什么?

"你们都没做错什么。"赵简子说,"只是,我听说,一千只羊的皮,不如一只狐狸的腋毛。各位大夫来上朝，我只听见大家唯唯诺诺的声音，再也听不见周舍的敢说敢辩之声，因此我深感忧虑。"

赵简子的这"千羊之皮，不如一狐之腋"说法，到后来的战国时代，在各国广泛流传。《史记》的《商君列传》里，就记载了秦国一位名叫赵良的谋士说的同样的话——只不过这时的"腋"，已经写作"掖"；而后面，还跟了一句"千人之诺诺，不如一士之谔谔"，这"一士"，自然就是由当年晋国的周舍而来的。

赵良引这段名言，是说给当时秦国的丞相商鞅听的。

此时商鞅已经做了十年的秦相，帮助秦孝公实施变法，效果显著，很是得意。他甚至想和秦缪公时代由楚入秦、做过秦相的百里奚一比高低。

但他"天资刻薄"，变法严酷，竟至于秦国上下，无人敢言。

赵良算是胆子大的，跟他当面说了真

话：你不如百里奚。

商鞅让赵良说了实话，却并不理会。

秦孝公死后，商鞅落得个被五马分尸的下场。

脱颖而出

使遂蚤得处囊中，乃颖脱而出，非特其末见而已。

（卷七十六《平原君虞卿列传》7/2366）

译文：

　　要是让我毛遂早早地呆在袋子里，我这个锥子的锥尖，就整个儿地冒出来了，而不只是锥尖的末端显露一下就罢了。

说这句话的,是战国时代赵国公子平原君的门客——毛遂。

这话的背后,连接着一个富于戏剧性的历史故事。

说是赵国的首都——邯郸,被进攻的秦军包围了。赵王指示平原君,即刻去楚国讨救兵。

任务光荣而艰巨。平原君决定,在自己的门下,挑选政治合格、技术过硬的勇士,组成特别行动小组,奔赴楚国。

特别行动小组限额二十名,其中的十九名,很快选出。但最后一个名额,定不下来。

毛遂,这时主动站了出来,跟平原君说:"听说行动小组不招外人,但到现在还缺一个人。您就带上我,凑个整数吧。"

平原君门客多,眼前这位,不认识,就问:"先生,您在我的门下呆几年了?"

"在这儿有三年啦。"

三年都不认识的人,平原君不免轻视。他给毛遂打了个比方——

有本事的人处世,就好比锥子呆在袋子里,锥尖的末端立马显露出来。

现在您呆在我门下三年了,我的左右从未提起过您,我本人也从未听说过您，这说明，您没什么特长。

他正式拒绝毛遂："先生您不行，您还是留在家里吧。"

毛遂却不依。他顺着平原君的比方，回应道："我是今天才请您把我放进袋子里罢了。"言下之意，就是上面那句后来流传甚广的名言——

使遂蚤得处囊中，乃颖脱而出，非特其末见而已。

这里的"颖"，是指锥子的锥尖；而"末"，则是锥尖的末端。看这说话的口气，竟是你平原君有眼无珠，不给机会，否则我毛遂早出名了。

平原君蛮大度，就此让毛遂进了行动小组。

毛遂也没吹牛。到了楚国，当平原君跟楚王谈判联合出兵，谈了一整天都没谈下来时，同事们的一句"先生上"，果真让他提着剑，大踏步地走上了谈判厅。

对未经安排、突然出现在正式外交场合的这个对方随从,楚王自然惊愕,继之以叱骂。

毛遂却毫不在意,侃侃而谈,同时警告楚王:"十步以内,大王您的性命,就悬在我毛遂的手里。我主人就在跟前,你骂什么骂?"

楚王退缩了。联合出兵的协议,竟在毛遂这个低级随从的监视下,就此签定了。

毛遂自此被平原君奉为上宾。

这个富于戏剧性的故事,穿越漫长的历史,积淀成为众所周知的两个著名成语——"毛遂自荐""脱颖而出";只是《史记》原文中的"颖脱"二字,不知何时,被悄悄换了一下次序。

一鸣惊人

此鸟不飞则已，一飞冲天；不鸣则已，一鸣惊人。

（卷一百二十六《滑稽列传》10/3197）

译文：

　　这鸟不飞也就罢了，一飞起来的话就冲天而上；不叫也就罢了，一叫的话会令人惊奇。

公元前 356 年，齐国迎来了一位新君主——齐威王。这新王有个特别的嗜好，爱说隐语——就是说话绕着弯，像猜谜似的。

喜欢说隐语也就喜欢说吧，此公又别有一好——淫乐，还整夜整夜地喝酒。国家事务，也没工夫处理，都交给大臣们去办了。

上行下效，齐国的百官，也都荒废政务，混乱不堪。诸侯趁机来犯，齐国灭亡，眼看着也就是早晚的事了——但威王的左右大臣们，还是没有一个人敢站出来劝劝他。

这时候，来了一位矮个子的说客，名叫淳于髡。

淳于髡是齐国的一个上门女婿。那时候，上门女婿唤作"赘婿"，"赘"的意思是多余，很被人瞧不起。

但淳于髡心理状态颇佳，人又好玩，还擅长辩论，多次被公派出国，在和外国人的交锋中从未输过。

就是这个淳于髡,在大家都不敢劝谏齐威王的时候,站了出来。

他很机智,刻意用齐威王特别喜欢的隐语来进行交流。他说:"邦国内有只大鸟,停在大王的庭院中,三年都不飞去,也不鸣叫,不知道这鸟是什么啊?"

齐威王也够聪明,当即回答,就是上面这段话。

说了这话后的齐威王,仿佛变了个人。他立即让各县的七十二个行政长官都来首都朝拜,并奖赏了其中最优秀的一位,杀掉了最差的那一个。

他还奋力发兵出击,令原先对齐取进攻态势的诸侯各国大为震惊,只好把原来侵占着的齐国的土地,一一归还过来。

按照《史记》的说法,齐威王的声威,就此流行了整整三十六年。

不过,这个颇有励志意味的故事,背后还有故事。

那就是淳于髡给齐威王讲的这个隐语,其实在两百五十多年前,就已经由楚国的大臣给楚庄王讲过一遍了。这在《韩非子》《吕氏春秋》和《史记·楚世家》里都有记录。只不过,那时"一鸣惊人"的成语还没固定下来——在《韩非子》里是"鸣必惊人",在《吕氏春秋》里是"鸣将骇人",而在《楚世家》里则是"鸣将惊人"。

　　这样看来,淳于髡果然不简单。他选了一个齐威王肯定听说过的隐语,既保证了自己不会因为君王无知而招杀身之祸,又以一种游戏的形式,降低了君臣间的对抗程度,最终不仅在当时达到了劝谏的目的,还为悠长的中国文化史定格了一个著名的成语。

谁是我们的敌人

今者项庄拔剑舞，其意常在沛公也。

（卷七《项羽本纪》1/313）

大行不顾细谨，大礼不辞小让。如今人方为刀俎，我为鱼肉，何辞为？

（卷七《项羽本纪》1/314）

译文：

现在项庄拔出利剑舞蹈，他的意图其实时常是在沛公刘邦。

大的作为，顾不上细微的谨慎；大的礼数，也不在乎小的责备。如今别人正是菜刀和砧板，我们是鱼肉，干吗还要辞别？

鸿门宴，是东亚汉文化传统圈里的人都无比熟悉的故事。

说的是明着请客吃饭、暗里谋杀客人的事儿。

做东的，是楚霸王项羽；被请的，则是沛公刘邦。地点选在了鸿门。

开始还蛮规矩的：客人一方的刘邦朝北坐，张良朝西陪坐；主人一方的项羽和项伯朝东坐，范增朝南陪坐。彬彬有礼。

开宴了，主办方就有些反常了。先是范增一个劲地给项羽使眼色，做小动作，见项羽不忍心对刘邦动手，就从外边喊了个叫项庄的，闯进宴会厅，摆弄一套剑舞，想乘机上演个失手事件，杀了刘邦。

上面的第一句话，就是在这样的危难关头，坐在刘邦身边的张良，赶紧跑出来，找到自己一方的壮士樊哙，告知的鸿门宴实况。

这话后来变成了个成语，就是"项庄舞剑，意在沛公"，专指那些装得若无其事，其实就想乘机害人的人。

故事还没完。

这边的樊哙，闻说张良的告急，当即一手执剑，一手持盾，冲进了宴会厅。

他那冲冠的怒发，吓人的大眼，瞪得项羽心里发毛。

他把盾牌覆在地上当菜碟，将项羽所给的生猪蹄髈丢在上面，用手中的利剑剁切，旁若无人地大块吃肉，令在座的人目瞪口呆。

他豪饮斗酒，边喝还边数落项羽恩将仇报，说得楚霸王一时竟不知如何回应，半晌只说了一个字："坐。"

形势变了，刘邦起身上厕所，把樊哙也一同喊了出来。

他们准备开溜。让张良暂时留着，等刘邦抄小路，回到军营所在，那个名叫"霸上"的地方，再由张良向项羽面告实情。

要走了，刘邦觉得不辞而别总有点说不过去——汉人不论读书多少，礼数还是讲究的——便问樊哙：这事怎么办？

樊哙非常干脆地化解了刘邦的疑虑，就是上面的第二段话。樊哙的意思很明确：现如今的情形，谁是咱们的敌人，还不清楚么？这哪还需要讲究礼数当面辞别！

有意味的是，这段话里的"如今人方为刀俎，我为鱼肉"一句，后来也变成了八字成语，就是"人为刀俎，我为鱼肉"。不过那意思，已经由刻画项羽、刘邦二人间并非不可逆转的紧张关系，一转成为哀叹弱势的我方，被强大的敌方无情宰割的悲惨命运了。

顺便要说到，鸿门宴的故事，其实在《史记》之前，西汉陆贾写的《楚汉春秋》里已有记载，但文字远不及《项羽本纪》灵动。司马迁写《史记》，《楚汉春秋》肯定是素材之一，但能写得如此跌宕起伏，应该还有当时其他口述文献的功劳。

分我一杯羹

吾翁即若翁,必欲烹而翁,则幸分我一杯羹。

(卷七《项羽本纪》1/328)

这是一句令人不寒而栗的话。

要说清这句话的来由，还得回到楚汉相争的岁月。

那一年的农历四月，汉王刘邦率部攻克了楚霸王项羽的老家彭城，也就是今天的徐州。胜利了，虏获了大批宝物，还有美女，高兴，便天天开宴，喝酒。

没想到，项羽的部队在一天清晨悄悄摸到了彭城外围，突然发起攻击，到中午时分，竟把彭城的汉军打得落花流水。连刘邦，也全靠这时突然刮起的一阵狂风，才侥幸逃脱。

但刘邦的家属，因为就住在离彭城不远的沛县，却被项羽俘虏了，包括刘邦的老爸——太公。

这以后，刘邦重新集结队伍，又渐渐地有了和楚军抗衡的资本。到了刘邦手下一员大将彭越在梁地一带东征西战的时候，项羽反倒有点手足无措了。因为楚军的粮食，被汉军搞得几乎无影无踪。

项羽想起了一直在自己手里的一张牌：刘邦的爸爸太公。

他特意找了个高高的切肉砧板台子——当时叫俎，把太公放在台子上。然后告知刘邦："今天你要是不赶紧给我退兵，我就把太公给煮了！"

这一招可真够狠的。

没想到，刘邦更狠。

刘邦是这样回应项羽的。他先提了当年一同在楚怀王旗号下闹革命的往事，说："先前我和项羽一起，朝向北面接受楚怀王的使命，说好两人约定做兄弟的。"然后轻松地道出了上面这句令人不寒而栗的名言。

他的逻辑是成立的：既然咱们是兄弟，那么当然，我爸便是你爸。

他的结论却完全灭绝了人间亲情，竟然同意项羽煮杀自己的父亲，还要求喝被煮父亲的肉米羹！

这，大概就是所谓的政治家吧。

说起来，刘邦的冷酷无情，倒是历来如此。当年彭城之难后，半道上遇见自己逃难的两个女儿，跟着上了他的专车。不久，后头楚军的骑兵追了上来，他一急，竟把两个亲生骨肉都推下了车，还连推了三次！

相比之下，项羽的政治家素质，的确要差很多。据说他听到刘邦如此轻松的回答，当时便勃然大怒，真准备煮了太公。

还是叔叔项伯劝他："天下事都无法预料。再说争夺天下的人，都顾不上家的。你就是杀了太公，也没什么好处，只会增加祸害。"

项羽没有煮杀太公，并且最终彻底败给了刘邦。

人畜有别

弃人用狗，虽猛何为？

（卷三十九《晋世家》5/1674）

译文：

　　放弃用人而用狗来攻击，即使这狗再威猛，又有什么用？

春秋时候晋国的晋灵公，是个刚愎自用的家伙。忠臣们劝谏他几句，他都会令人动刀刺杀对方。晋国大臣赵盾，就一再遇到这样的危难。

这一次，灵公名义上是设酒宴招待赵盾，其实却埋伏了全副武装的铠甲兵，要给赵盾点颜色看看。结果灵公的屠夫，是赵盾旧日善待过的人，设计让赵盾提前避开了。

一计不成，灵公又设一计：放狗咬赵盾。这狗，虽是名犬，但也被灵公的那位屠夫徒手搏杀了。赵盾因此撂下了这句话："弃人用狗，虽猛何为？"

他不知道晋灵公本来是要用人的，用狗，其实是第二方案。

不过在很多场合，很多的决策者，在用人还是用狗的问题上，确实更喜欢用狗。

因为狗听话，使用成本低，出了险情，随时抛弃，也不可惜。

更重要的，是狗往往比人更威猛，更忠

实地执行指令,而不顾一切。

但是,除非在用狗的时候,意识到这不过是条狗,否则会把自己也变成狗,也未可知。

说起来,还是汉高祖刘邦最有见识。

《史记》的《萧相国世家》里,记了如下一段对话。当项羽被灭,汉朝初建的时候,论功行封,萧何被排到了第一位。诸臣不服,刘邦就给他们打了个比方——

"各位知道狩猎么?"

"当然知道啊。"

"知道猎狗么?"

"当然也知道啊。"

"知道就好。狩猎的时候,追杀野兽兔子的,是狗;而发令指示野兽兔子所在地方的,是人。诸位只能获得野兽兔子,这功劳就是狗的功劳;而萧何却是那发令指示的,功劳是人的功劳。"

于是没人敢再说什么了。

走狗的下场

狡兔死,良狗亨;高鸟尽,良弓藏;敌国破,谋臣亡!

(卷九十二《淮阴侯列传》8/2627)

译文:

　　狡猾的兔子死了,用来追逐兔子的好狗就该被煮了;高飞的鸟儿被打完了,那张打鸟的好弓就该收藏起来了;敌国被攻破了,为攻击敌国出谋划策的臣下就该出逃了!

上面这段话,《史记》里出现了两次。

第一次出现在《越王句践世家》里,版本稍有不同。

那是越王句践卧薪尝胆,终于灭了吴国之后,句践手下的两员声名赫赫的谋臣——范蠡和文种,有了某种不祥的预感。

范蠡比较聪明,赶紧出国。

他还算念着老同事,到了齐国,给文种写了一封信,说越王"可与共患难,不可与共乐",劝文种早作离开的打算。

很遗憾,文种收到范蠡的信,只是称病不朝,没走人,结果被句践赐剑自杀。

文种有此下场,是因为他没在意范蠡信里的十二字箴言:"蜚鸟尽,良弓藏;狡兔死,走狗烹。"——"蜚鸟"的"蜚",通"飞"字。

这话在《史记》里第二次出现,是由《淮阴侯列传》的主人公、汉初名将韩信说出口的。

事情还得从楚汉相争那会儿说起。

楚霸王项羽的麾下,有一位大将名叫钟离眜,跟韩信关系一直很好。项羽死了,钟离眜便投奔已经做了汉将、又受封在楚地的韩信。

可项羽的死对头汉王刘邦,不知为何,一直怨恨这位钟离将军，听说他跑到了楚地，便诏令楚王，逮捕钟离眛。

刚刚当了楚王的韩信，显然没有很好地贯彻领导的指示。

数年之后，麻烦来了：有人给朝廷上书，告楚王韩信要谋反。

楚地有一大湖泽，名为"云梦"。汉高祖刘邦的左右，给出了个主意，由朝廷发文件，要求各方诸侯，在一个叫"陈"的地方聚会，汇报工作。名义上是说高祖想去云梦一游，其实是打算就地解决韩信。

刘邦快到楚地了，韩信才如梦初醒。

他想真的发兵造反。但又一想，自己没罪啊，干吗呢，还是等领导来了面谈吧。可又害怕真被抓起来。想不好。

这时有人给出了个馊主意："大王你把钟离眛斩首，再拜见皇上，皇上一定高兴，大王的麻烦就解决了。"

韩信还没想好是否用此下策，钟离眛却找上门了。

钟离眛对韩信说："汉王所以不攻取楚地，是因为我钟离眛还在你的地盘上。你如果想用逮捕我来献媚汉王，那么我今天死，你也随即被灭了。"

"你真不是个值得尊敬的人！"钟离眛说完这句话，当场自杀。

韩信果真带着割下来的钟离眜的头，去陈地拜见刘邦。

戏剧性的一幕发生了：刘邦并没有放过韩信，而是立即命令武士，把韩信绑了起来，囚禁在自己专车后面的车中。

一切正如钟离眜生前所料。

失算的韩信，这时无奈地说出了上面这段名言。

除了和范蠡所写几乎相同的十二字箴言，韩信的话里，多了挑明主旨八个字："敌国破，谋臣亡。"

他还给自己，也给古往今来一切走狗式的人物，添了句人生的注脚，说："天下已定，我固当亨！""亨"字在这里通"烹"，言外之意，走狗们该干的事情干完了，主人再养着狗，就费饲料了，那自然是要煮狗肉吃啦。

当断不断，反受其乱

语曰：当断不断，反受其乱。

（卷七十八《春申君列传》7/2399）

天与弗取，反受其咎；时至不行，反受其殃。

（卷九十二《淮阴侯列传》8/2624）

疑行无名，疑事无功。

（卷六十八《商君列传》7/2229）

猛虎之犹豫，不若蜂虿之致螫；骐骥之跼躅，不如驽马之安步；孟贲之狐疑，不如庸夫之必至也；虽有舜禹之智，吟而不言，不如喑聋之指麾也。

（卷九十二《淮阴侯列传》8/2625）

上面的四段名言，流传最广的，当数第一段"当断不断，反受其乱"。那是《史记》的《春申君列传》末，司马迁发感慨时引的老话。

春申君黄歇是楚国人，名列战国四公子之一。早年作为楚顷襄王太子完的老师，曾陪伴太子一起去秦国做人质，并机智地使太子在顷襄王病故前潜逃回国，继位成为考烈王。他自己则名正言顺地做了楚国的丞相，并受封春申君。

司马迁对春申君早年的这番作为，是大加赞赏的，谓之"何其智之明也"。但对他后半生办的事，则颇不以为然。

这又得从新上任的考烈王生不出儿子说起。

说是有个赵国人，名叫李园，带着自己如花似玉的妹妹来到楚国，想让自己的妹妹当楚国的后宫娘娘。但听人说考烈王找了好多女人，依旧生不出儿子，就萌生了他念。正巧此时

译文：

老话说：应当作决断的时候不作决断，结果反而遭到麻烦。

上天给予了却不拿，结果反而遭受祸害；时机来了却不行动，结果反而遭殃。

犹豫不定的举止不会有好名声，犹豫不定的事情不会有好结果。

猛虎的犹豫不决，不如小蜜蜂的出以针刺；骏马的徘徊不前，不如劣马的一步一个脚印前行；勇士孟贲的狐疑不定，不如凡夫俗子的坚持达到目标；即使有大舜和大禹那样的智慧，只是闭口而不说出来，也不如聋哑人的用手指挥了。

春申君提出来想见见李家妹妹,李园也愿意,一来二去,这李妹妹就成了春申君的人,还有了身孕。

李园可真不是盏省油的灯,这时给妹妹出了个馊主意,让她劝春申君,乘外人不知其已怀孕,把她送给楚王。事情若成,则他春申君的儿子,就是未来的楚王了。

春申君一听,这主意不错,就一切照办。

楚王果然上钩,儿子果然生了,是为太子。李妹妹则被封为王后。而李园,也由此步入了楚国的高层。

春申君正高兴着呢,没成想大麻烦已悄然而至:李园害怕他泄露天机,要杀了他。

这年楚考烈王病了,春申君门客中有一位名叫朱英的,劝春申君道:

世有毋望之福,又有毋望之祸。今君处毋望之世,事毋望之主,安可以无毋望之人乎?

"毋望"的意思,是原本并没料到,却自动前来。朱英说,最后所谓的"毋望之人",就是我朱英;等楚王死了,我赶紧替你去杀了李园。

春申君自我感觉良好,竟不同意。

故事的结局,正如您所料。十七天后,楚考烈王死了,春申君被李园埋伏的刺客砍下头颅，丢到了门外。

"当断不断，反受其乱。"司马迁认为，这句俗语，正点出了春申君因拒绝朱英建议而导致的悲剧下场。

事实上，不必说政坛上生死攸关的大决断，就是日常生活中，再小的事情，该决断时不作决断，麻烦，很快也会找上你的。

顺便说一下，这句俗语在《史记》的《齐悼惠王世家》也出现过。当发兵包围齐王宫的齐国丞相召平，被中尉魏勃诓骗，反遭包围时，就叹息道：

嗟乎！道家之言"当断不断，反受其乱"，乃是也。

此语究为道家何人所言，已不可考。二十世纪七十年代，在长沙马王堆出土的西汉竹简中，有《黄帝四经》一书，其中就有"当断不断，反受其乱"的话。可见这八字箴言，跟黄老一系的道家，确实是颇有关联的。

倒行逆施

申包胥亡于山中，使人谓子胥曰："子之报仇，其以甚乎！吾闻之，人众者胜天，天定亦能破人。今子故平王之臣，亲北面而事之，今至于僇死人，此岂其无天道之极乎！"伍子胥曰："为我谢申包胥曰，吾日莫途远，吾故倒行而逆施之。"

（卷六十六《伍子胥列传》7/2176）

译文：

申包胥逃亡到山里，派人跟伍子胥说："你这样报仇，也太过分了吧！我听说，人多的情况下可以胜过上天，但上天发威的时候也能制服人。现在你作为已故平王的大臣，曾经亲身向北侍奉过他，到如今竟至于羞辱死者，这难道不是没有天理到极点了么！"伍子胥说："替我跟申包胥告罪说，我是太阳已经下山，而前途还很遥远，我所以只好颠倒着走路，违背常理做事了。"

春秋史上的名人伍子胥，一生都笼罩在悲剧之中。

伍氏本是楚国人。子胥的爸爸，叫伍奢；他还有个哥哥，叫伍尚。但父子两代，跟楚都有深仇大恨。

事情还得从楚平王把自己没过门的儿媳妇抢先娶作自己的姨太太说起。

平王的太子，名叫建。伍奢和另一位名叫费无忌的，都是这太子的老师。

那年费无忌被派往秦国，为太子迎娶媳妇。见秦国媳妇长得十分漂亮，他回来第一个就报告楚平王："秦女绝美，王可自取，而更为太子取妇。"

好色的平王，果然把儿媳收进了自己的房中。

费无忌知道自己干的事缺德，索性一不做，二不休，自此一个劲儿地说太子建的坏话，连带着，让忠心服务于太子的伍奢也遭了殃。

太子建被费无忌捣鼓得只好叛逃出国，伍奢连带着被下了大牢。

费无忌还不放心，对平王说："伍奢还有两个儿子，都很厉害，不杀了他们，恐怕将来会是楚国的忧患。"

平王就派人召伍尚和伍子胥，威胁说："要是来，我就让你爸活着;要是不来,我今天就杀了伍奢!"

兄弟俩一合计,同去必同死,决定哥哥伍尚应召,弟弟伍子胥出逃。

伍奢和伍尚,自然没有逃脱被杀的命运。

伍氏与楚王,就此结下了深仇大恨。而伍子胥后半生的主题,便是复仇。

出逃以后,他曾对自己的老朋友、还服务于楚国的申包胥说:"我一定要颠覆楚国。"

他投奔了楚国的对头——吴国。多年以后,终于随吴军攻入楚国首都郢。

他用了一种特殊的方式发泄心头的悲愤:掘开已经去世的楚平王的坟墓,拖出平王的尸体,鞭打了足足三百下才罢手。

申包胥这时已逃亡山林,听说老友伍子胥如此对待老楚王,颇为不平,就专程派人捎口信,加以责备——于是就有了"人众者胜天,天定亦能破人"的严峻警告,又有了伍子胥"吾日莫途远,吾故倒行而逆施之"的决然回应。

伍子胥的决然回应,到汉代还有继承者——就是那位放言"丈夫生不五鼎食,死即五鼎烹"的主父偃。他曾用跟伍子胥几乎相同的文辞,自述穷途末路:"吾日暮途远,故倒行暴施之。"

意味深长的是，伍子胥不无悲凉况味的答辞，到以后被简化成了脸谱式刻画坏蛋的四字成语——"倒行逆施"。

而申包胥原本富于辩证色彩的警告，在当代中国的某个特殊阶段，竟被表述为完全相反意思的非理性口号——"人定胜天"。

前功尽弃

一举不得，前功尽弃。

（卷四《周本纪》1/165）

译文：
　　有一个环节做得不成功，前面所花费的功夫全都会作废。

这是周王朝已一分为二,到处都在打打杀杀的战国后期。

周王朝名义上的统治者周君,眼看锐不可当的秦军全方位出击,无可奈何。倒是纵横家苏厉,给出了个注意,要他派个说客,去找秦国大将白起,劝他"称病而无出"。否则白起率领的秦军攻打周的邻邦,周也就危险了。

苏厉还建议,可以给白起讲个小故事。

故事是这样的:楚国有个叫养由基的,擅长射箭。距离柳树一百步以外,对着片片柳叶放箭,百发百中。当时旁观的有几千人,都说他厉害。

但有一个汉子站在他旁边,冷冷地说:"不错,可以教你射箭了。"

养由基一听,火了,放下弓,扳着箭,道:"你这位客官,难道能教我怎么射箭么?"

汉子倒不急,说:"不是我能教你左手撑弓,右手放箭。你看你距离柳树一百步以外,对着柳叶放箭,百发百中,却不见好就收,过一会儿神气衰减,精力疲惫,开弓钩箭,有一发射不中,前面射的那一百发就全完了。"

苏厉讲这个故事的意思,是要让白起明白,战线拉得太长,只要有一处失败,那么前边打的所有胜仗,都会被一笔勾销的。

白起是否听到了这个故事,不得而知。即使听到了,秦军的进攻步伐也没有停止,则是可以肯定的——因为后来秦不仅吞并了周朝,连其他各国都划入了它的版图。

但"一举不得,前功尽弃"的警语,对白起倒不无合适。

这位从来都以胜利者姿态出现,在秦赵交战中残忍地坑杀了四十多万赵国降军的秦将,最后却因反对继续攻打赵国首都邯郸,不得已用上了苏厉当年教的称病不出一招。但似乎太晚了,因为秦王不开心了。

他被发落为普通士兵,还不允许呆在秦都咸阳,临了竟落得个赐剑自杀的下场。

死灰复燃

　　安国坐法抵罪，蒙狱吏田甲辱安国。安国曰："死灰独不复然乎?"田甲曰："然即溺之。"

（卷一百八《韩长孺列传》9/2859）

译文：

　　韩安国因为犯法，被判有罪入狱，蒙县监狱的狱吏田甲羞辱他。安国说："死灰难道就不会重新燃烧起来么?"田甲回答："烧起来了，我就撒泡尿浇灭它。"

这是个有趣的故事。

故事里的两个人物,都是汉朝人:一个是落难的中层干部韩安国,一个是蒙县监狱的管理员田甲。

韩安国是梁地人,年轻时候读过点书,像《韩非子》什么的。后来就在梁孝王的手下当差。此人智商情商都颇高,后来做到汉朝御史大夫,要不是出了次车祸,把脚给弄跛了,还差点当上丞相呢。

上面这个故事发生的前一刻,韩安国还在梁孝王的王府里跑腿,不过已经颇知道和京城的太后、公主搞好关系了。

但不知怎么的,他犯了法,被关进了梁国所属的蒙县监狱。

于是碰上了冤家——狱吏田甲。

田管理员可不管你是什么前王府的官吏,既然进来了,免不了要羞辱一番。

韩安国终究是读书人出身,反抗的言辞里,也洋溢着书生意气——"死灰独不复然乎"的反问,就是这会子说出口的。"然"

字，在这里通燃烧的"燃"。

没想到田管理员不买账——你掉你的书袋，我还是粗话："烧起来了，我就撒泡尿浇灭它。"

这是日常生活里的琐碎口角，虽然身份不同，出语相异，却都显出了言说者的机智。

出自韩安国之口的"死灰复燃"，后来成了成语，跟今天我们常说的"咸鱼翻身"类似，都表示原本已经完全没有希望的事情，却奇迹般地重现光明。

有意思的是，这个故事还有下文：死灰，后来还真的复燃了。

这是韩、田口角过后不久的事。梁王府里缺干部，而韩安国入狱前，大概已给京城宫内要员留下了点印象，所以朝廷特派专使来，封他做梁内史，工资二千石。

田甲听闻此一消息，只好赶紧逃走。

韩安国不乐意了，放出话来："田甲你要是不回到原来的工作岗位上，我就把你整个宗族都灭掉。"

这是没有一点书生意味的胁迫话，田甲自然听得懂。他只好回来，袒胸露臂，向韩安国请罪。

"你可以撒尿啦。"韩安国笑着道，"像你这样的，值得我来绳之以法么？"

他最终善待了这个曾经羞辱他的小狱吏。

强弩之末

强弩之极，矢不能穿鲁缟；冲风之末，力不能漂鸿毛。非初不劲，末力衰也。

（卷一百八《韩长孺列传》9/2861）

译文：

强悍的弩弓的末了，所发箭头，不能射穿鲁地出产的薄纱；大风的末节，风力不能飘举起轻盈的鸿毛。不是说它们开始时力量不够刚劲，而是到了最后，力量衰减下来了。

说这几句话的,还是上一篇我们讲过的韩安国,时间则已在他"死灰复燃"以后。

说这话的起因,和汉代对匈奴的外交政策之一"和亲"有关。

所谓"和亲",就是汉朝把自己的公主嫁给匈奴首领,期望用这种联姻的方式,保证国家尤其是边疆的安宁。

汉朝跟匈奴第一次"和亲",是在公元前200年,时当开国皇帝刘邦执政的第七个春秋。

那年发生了震惊汉朝上下的白登之围,大汉天子因追击叛逃的韩王,被伏击的匈奴围困在平城的白登山,整整七天,颜面尽失。

不仅如此,匈奴依靠强悍的兵力,还不断骚扰汉朝边疆,令刘邦不胜其烦。

怎么办?刘邦的高级政策顾问刘敬给出了个主意:把汉公主嫁给匈奴首领——他们叫"单于"。刘敬的逻辑是:公主嫁过去了,生个儿子,以后就是小单于,小单于既是汉朝天子的外孙,则"岂尝闻外孙敢与大父抗礼者哉"?

和亲就此开始。但外孙敢跟外公分庭抗礼的情形,还是时有发生。

就这样过了将近七十年,到了汉武帝执政的建元年间。

这年匈奴又来请求和亲,武帝把这棘手的问题,交给大臣们去讨论。

大臣中有一位担任大行一职的王恢,因为曾多次任边疆官吏,熟悉匈奴情况,建议不要答应和亲;非但不要答应,还应出兵攻击匈奴。理由是匈奴和亲,大都过不了几年就违背协约。

韩安国此时已经是御史大夫。他从"千里而战,兵不获利",以及匈奴的特性和军力现状出发,不同意对之实施打击,而认为应该和亲。

以"强弩之极,矢不能穿鲁缟"为开头的这段话,就是韩安国此时说的,作为当下不可出击匈奴的理论依据。其中"鲁缟"二字,指的是鲁地出产的纱布,以超薄闻名。

对应于这段话的实际问题,则是韩安国同时说的"汉数千里争利,则人马罢,虏以全制其敝"。"人马罢"的"罢",这里念作 pí,通"疲"。

多数人觉得韩安国说得在理,汉武帝就采纳了和亲的建议。

但此次和亲的效果,仍然不理想。

元光二年(前133年)春天,汉武帝不得不再次命令属下讨论:如何对付既要和亲,又不放弃侵扰汉边境的匈奴,如果咱们打它一次,怎么样?

大行王恢再次建议进攻匈奴,得到批准。同年夏天,由韩安国、王恢等高官为统帅将军,屯兵三十万在一个叫马邑的山谷中,企图引匈奴单于上钩,结果被匈奴发觉,溜了,仗没打成。

可怜王恢做了这次不成功战役的替罪羊,被逮捕入狱而送了性命。

就这样又过了一百年,到了汉元帝的竟宁元年(前33年)。

此时的匈奴单于呼韩邪,趁来朝拜汉天子的机会,又提出愿意做汉朝皇帝女婿的问题。虽然朝廷内部又出现了不同意见,但呼韩邪单于还是娶了一位汉朝后宫美女回家。

这位美女,就是后来大名鼎鼎的王昭君。

公道自在人心

谚曰：桃李不言，下自成蹊。

（卷一百九《李将军列传》9/2878）

译文：

俗话说：桃树和李树不会说话，树下却自然被人走出一条小路来。

《史记》的《李将军列传》，对司马迁而言，有特殊的意义。因为其中最后的部分，写到了直接引发他个人不幸遭遇的李陵事件。

事件发生在汉武帝的天汉二年（前99年）。

这年秋天，汉将李陵所率进攻匈奴的五千人马，遭匈奴的八万大军包围。拼死抵抗之后，弹尽粮绝，援兵不至，李陵觉得没有面目回去见武帝，就投降了匈奴。

《李将军列传》所附李陵传的末了，写了李陵投降后，"李氏名败，而陇西之士居门下者皆用为耻焉"。除此之外，再没别的话。

其实，司马迁在李陵投降匈奴后，曾站出来为他辩护，认为李陵的变节，有其不得已处。

结果他惹恼了汉武帝，被判死刑，最后以接受腐刑——一种极为屈辱的割除生殖器的刑罚——为条件，侥幸免死。

司马迁之所以不直面死刑，并非怕死，而是因为他要完成《史记》，包括其中的《李将军列传》。

《李将军列传》的主人公，是李陵的祖父，人称"飞将军"的李广。

司马迁见过李广本人。他显然是倾注了全部的激情，来叙写这位汉代历史上的传奇人物。李广的所向披靡，李广的矫健身手，以及李广的爱兵如子，在他的笔下，都栩栩如生。

但正如明代文人陈仁锡早就指出的，司马迁撰述这篇《李将军列传》，主旨就三个字——"不遇时"。

李广晚年寂寞的时候，也曾找算命的来，讨教自己何以从未错过征战匈奴的战役，却永远没有尺寸之功可以封侯。

司马迁在《李将军列传》里，详细描写了李广最后的谢幕：在征战匈奴的途中，因被临时调动而迷失方向，失却战机，结果悲愤自杀。

但司马迁不愿把这种悲戚的气氛，始终笼罩于这篇出色的传记里。所以在篇末的"太史公曰"里，他引了"桃李不言，下自成蹊"的谚语，来传达那个"公道自在人心"的永久信念。

　　春天里，桃花开了，李子结果了。桃树、李树，自己并不言语，但人们看到它们有那样美丽的花果，就会主动围过来。结果，桃李树下，就自然而然地出现了一条小路。

　　司马迁用这样富于诗意的境象，喻示李广这位其貌不扬又不善言辞的军人，因其出众的品行和不朽的战功，将被后人永远纪念。

利令智昏

鄙语曰：利令智昏。

（卷七十六《平原君虞卿列传》7/2376）

夫骄君必好利，而亡国之臣必贪于财。

（卷六十九《苏秦列传》7/2267）

译文：

俗话说：追逐利益，会让人心智发昏。

骄傲的国君，一定喜欢眼前的利益；而让国家灭亡的大臣，一定贪图钱财。

在名声卓著的战国四公子中,赵国的平原君赵胜,大概是最名不副实的一位。

此公在赵惠文王和后来的孝成王时代,做过三任丞相,据说是三次罢官,又三次官复原职,还受封在东武城。

这其中的奥妙,那位以辩论"白马非马"出名的公孙龙子,曾当面跟平原君点破——

王举君而相赵者,非以君之智能为赵国无有也。割东武城而封君者,非以君为有功也,而以国人无勋,乃以君为亲戚故也。君受相印不辞无能,割地不言无功者,亦自以为亲戚故也。

原来一切都源自两个字:"亲戚"——他赵胜乃赵惠文王的弟弟。而他的"无能",看来在当时也已是有目共睹的了。

问题还不止于此。

司马迁在《平原君虞卿列传》末的"太史公曰"里,对平原君的评价是:"翩翩浊世之佳公子也,然未睹大体。"

因为风度翩翩,又是贵族公子,所以他很骄傲。

但同时,他又没什么实际的才能,目光短浅,不识大体,所以时常"利令智昏"!

太史公就此举的例子,是"平原君贪冯亭邪说,使赵陷长平兵四十余万众,邯郸几亡"。

说的是韩国的上党太守冯亭,在上党即将失守、为秦占领的前夜,忽然派使者到赵国,说愿意把上党的十七座城池无偿送给赵国。

当时平阳君赵豹就指出,这是韩国企图嫁祸于赵国的阴谋。但赵王和平原君等人,都觉得这白送的礼物不可不要。

平原君还充当了受城的使者,前往交涉。

上党就此被赵国收入版图,但赵、秦两国的关系,因此进入敌对状态。

根据《史记》的记载,后来长平之战,赵国四十万大军被秦军坑杀时,赵王就很后悔当初没有听赵豹的劝。

当然,后来有学者指出,长平之战赵国失利,根源全在赵王中了秦国的离间计,紧要关头换上个纸上谈兵的赵括做主帅,其实跟平原君受冯亭献城一事,并无直接的关联。

但平原君一生好利,好的还大都是眼

前之利,则是不争的事实。

当秦围赵都,邯郸告急之时,老百姓都到相互交换小孩子吃的地步,他老兄还是后宫佳丽数以百计,妻妾婢女绮罗满身,守着他的那份家财,自顾自吃肉打钟。外面的世界,发生了怎样的危难,仿佛和他浑然不搭界。

"骄君必好利"和"亡国之臣必贪于财"两样,套在他身上,都合适。

因此,用"利令智昏"四个字去概括平原君的一生,倒还真没冤枉他。

熙熙攘攘的底下

天下熙熙，皆为利来；天下壤壤，皆为利往。

（卷一百二十九《货殖列传》10/3256）

译文：

　　天下热热闹闹，都是冲着赢利而来；天下喧喧嚷嚷，都是冲着赢利而去。

《史记》里提到"利",大概有两种涵义：一是宽泛意义上的利益，比如"利令智昏"；另一种是相对比较狭义的赢利、财利，上面这段千古名言中的"利"，就这是第二种意思。

这段名言，视野弘阔，仿佛是司马迁身处高空，俯视红尘所摄的一卷长镜头。

这段名言，又冷峻异常，把人生一切的温情面纱，彻底撩开。

《史记》的《货殖列传》里，刻画人性，数此语最为深刻。

但因为这段名言的前边，司马迁引了谚语"千金之子，不死于市"，并深表赞同，谓"此非空言也"。紧接着这段名言之后，又说："夫千乘之王，万家之侯，百室之君，尚犹患贫，而况匹夫编户之民乎！"直白地表露了对于人追求财富的肯定，所以后来颇有人对他的贫富观加以指责。

批评最激烈的，是东汉的班固。他在《汉书》的《司马迁传》里，说司马迁有几大缺点，其中之一，就是"述货殖，则崇势利而羞贱贫"。一句话——司马迁嫌贫爱富。

但也有很多学者注意到，司马迁的个人境遇，可能跟他这种独特的重"利"观念的形成，不无关系。

因为，司马迁一生中最为屈辱的经历——遭受腐刑，就是在他无钱赎罪的困境下发生的。

他对于"千金之子，不死于市"深表赞同，并不是说家有千金的富家子弟，犯罪了就不应该被拉到闹市上处决，而是在陈述一个客观的事实：有钱人家的子弟犯法，往往因为有钱赎罪，而不会发生死于闹市的情形。

他的"天下熙熙，皆为利来；天下壤壤，皆为利往"数语，也是一种陈述。只是从这陈述的底下，我们还隐约可以听见一份慨叹，对于社会中的人必然追逐赢利的无奈慨叹。

这名言，跨越了历史的天空，直到今

天,依然逼真地刻画着芸芸众生的世相百态：商界、股市、赌场、房地产……一切追逐赢利的地方,跟司马迁当年所描摹的一样的场景,都持久地重复着。

"熙熙攘攘"这一成语,也源于这段名言。"攘攘",在这里通"壤壤"。

说　富

富者，人之情性，所不学而俱欲者也。

（卷一百二十九《货殖列传》10/3271）

本富为上，末富次之，奸富最下。

（卷一百二十九《货殖列传》10/3272）

君子富，好行其德；小人富，以适其力。

（卷一百二十九《货殖列传》10/3255）

译文：

富有，是人的天然性情，是不用学习就都想要的东西。

用农业得来的富有是上等的，用商业得来的富有是次等的，靠作奸得来的富有最为下等。

君子富了，喜欢实践他的德行；小人富了，只是满足他的体力。

和后来传统社会中的许多文人不同，司马迁并不蔑视财富，自然更不仇富。

在《史记》的七十列传里，他还为商业和致富的生意人专门写了篇传记，就是《货殖列传》。

他很前卫，说追求富有，是人生来就有的天性，不学就会。

他认为，政治家可以"谋于廊庙，论议朝廷"，那么坚守个人信念和节操，隐居山林，名气又大的士人，归宿在哪里？

答案是："归于富厚"。

而他最欣赏的发家致富者，是范蠡。

春秋时候，范蠡从越国功成身退，转而经商暴富，成为陶朱公的故事，他不惜辞费，在《史记》里讲了两遍，先是在《越王句践世家》中，后来就是《货殖列传》里。

但司马迁终究是个有判断力的历史学家。

他肯定财富的正当性，却依然坚持，追求富有，不能放肆胡来。

他最看不起的,是"奸富"——就是靠作奸得来的富有。

在《货殖列传》里,他虽然对于如下两种追求财富的情形,表示了理解,但用词的特异,还是显出了他的好恶——

间巷少年,攻剽椎埋,劫人作奸,掘冢铸币,任侠并兼,借交报仇,篡逐幽隐,不避法禁,走死地如骛者,其实皆为财用耳。

吏士舞文弄法,刻章伪书,不避刀锯之诛者,没于赂遗也。

前一段讲的,是弄堂里混迹的小年轻,为财富铤而走险,抢劫、盗墓、报仇,什么犯法的都敢干。

后一段说的,则是宦海中奔波的小官僚,为了得些贿赂,甘冒风险,舞文弄墨,私刻公章,伪造文书,什么来钱做什么。

联系司马迁对"君子富"和"小人富"认真的判别,就可以明了,这位两千年前的史家,在钱财问题上既前卫,又洒脱,并未如今天的很多人,被"财富"二字所击晕。

致富潜规则

夫用贫求富，农不如工，工不如商，刺绣文不如倚市门，此言末业，贫者之资也。

（卷一百二十九《货殖列传》10/3274）

译文：

以贫穷的条件来追求富有，务农不如做工，做工不如经商，女性刺绣描花，不如靠着临街的大门追欢卖笑，这是说最下等的职业，才是想一夜暴富的穷人的资本。

如前所述,司马迁既肯定财富的正当性,同时坚持,追求富有不能放肆胡来。

在颇受后人争议的《货殖列传》里,司马迁举了几个发财的"贤人"——他心目中的走正道致富者。

如四川的卓氏,山东的程郑、曹邴氏,都靠炼铁起家致富;周人师史,则做转手贸易,获利高达七千万;而关中的任氏,楚汉相争时,凭借前此囤积的粟米,换取天下黄金美玉,以此而富。

司马迁还特意为任氏多费了些笔墨,写这一富家的与众不同——

别人求奢侈,而任氏崇俭朴;别人总想着买便宜货,而任氏却宁可贵些,但质量必须好。

这任家还有个家规:"非田畜所出,弗衣食;公事不毕,则身不得饮酒食肉。"前一句是说,凡不是靠种田养殖得到的,不可以穿,不可以吃;后一句是说,公家的事情没有做完,自己就不可以喝酒吃肉。

规矩定得有点怪，不无矫情，好像他们家原本不是靠经商起家似的。但汉朝上下都喜欢这样的规矩，任氏因此成为乡里的榜样，连皇帝都尊敬他。

不过，司马迁毕竟不是伦理学家，而是史学家。既是史学家，就不得不面对现实，并如实地陈述现实。

他虽然和当时大多数人一样，坚持认为，靠个人的体力劳作，才是"治生之正道"，并为经商致富者的道德问题，留下了些许合乎通常价值标准的范本，但又不得不承认，致富"必用奇胜"。

而所谓的"奇"，在他接下来举的具体例证中，就不全是正道了。所谓"掘冢，奸事也，而田叔以起。博戏，恶业也，而桓发用富"，前者是盗墓，后者是赌博，奇是够奇了，可不都是司马迁最厌恶的"奸富"么？

由此我们再来看上面这段专门讨论"用贫求富"的话，就大致可以明白，这同样出自《货殖列传》的名言，不是司马迁教唆给穷人的致富捷径，而是对严酷现实里致富潜规则的直白记录。

不是么？农民，却更喜欢后面加个"工"字；原本带个"工"字的人，则宁可摆摊开店。如此情形，司空见惯。

曾几何时，华灯初上，都市的街头巷尾，有多少家洗头洗脚店，既不洗头，也不洗脚，而灯火粉红，倩影婆娑，……

显然，司马迁的名言，依然没有过时。

知　足

欲而不知止，失其所以欲；有而不知足，失其所以有。

（卷七十九《范雎蔡泽列传》7/2424）

译文：

想要而不懂得适可而止，就会失去想要的最初动因；拥有而不懂得满足，就会失去拥有的原初意义。

这是一个给人设圈套而引出的话题。

设套的，叫蔡泽；钻进圈套里的，是范雎。

故事的发生地，在战国时代的秦国。

蔡、范两位，原本都不是秦人——蔡泽来自燕国，范雎来自魏国——之所以碰巧合演了出设套钻套的戏，缘由全在范雎的秦国丞相位置，实在太诱人了。

说起来，范雎一个外国人，来到秦国，爬到丞相的高位，着实不易：虽然受封为应侯，可连自己的名字，都改成张禄了。

相比之下，蔡泽只有东奔西颠的经历，和一副善于言辞的口舌。

但他看出了范雎当时的问题，决意抢夺对方的饭碗。

他的目标，是见到秦王，说服秦王接纳他，并取代范雎。但他并没有直接去找秦王，而是派人到范雎那里放风，说："燕国来的客卿蔡泽，是天下雄俊弘辩之士。他一见过秦王，秦王一定会找您的麻烦，削夺您的官位。"

这自然是个圈套,用的是激将法。范雎果然入套,当即派人,把还没什么名气的蔡泽找来,当面数落了一通。

这效果正是蔡泽需要的。

待范雎数落完了,蔡泽使出自己前半辈子学得的浑身解数,上天入地,古往今来,举了一个又一个的例子,意思只有一个:功高不身退,麻烦大大地。

渐渐地,范雎好象听得入迷了,回答也只剩下了个"对"字。

时机已到,蔡泽直奔主题,对范雎说:"现在您做秦相,定计策不用离开坐席,出谋略不必走出大厅,天下诸侯,都畏惧秦国。您的功绩,已经到了极点,但这也到了秦国要瓜分您功劳的时候了。您何不乘此时,交还丞相大印,让贤能的人来接班呢?"

范雎完全进了圈套,所以完全接受了蔡泽居心叵测的建议。

几天以后,他主动把蔡泽介绍给了秦

昭王,自己则谢病请归相印。不久,蔡泽正式取代了他,成为新一任的秦相。

有意思的是,在这场围绕着权位的智力较量中,"欲而不知止,失其所以欲;有而不知足,失其所以有"这句名言,竟不是出自蔡泽之口,而是范睢说的——那是他听取蔡泽教诲后的一点体会。

想象起来,当年的蔡泽,虽然居心叵测,但所言所析,不无道理;而位高权重的范睢,也着实心有所惧,担心自己再不知足,连老本都会赔进去。

所以尽管是个圈套,双方却能如名伶演大戏,配合默契,直到终场。

彼一时，此一时

彼一时也，此一时也，岂可同哉！

（卷一百二十六《滑稽列传》10/3206）

译文：

　　那是一个时代，当下又是另一个时代，怎么可以等同呢！

提起东方朔的名字，总不免令人联想到"滑稽"二字。

他是汉武帝时代的弄臣，陪天子聊聊天，寻寻开心，就是他的工作。

汉武帝蛮喜欢他，听他聊得云山雾罩，到了吃饭时间，会经常留他在自己跟前用餐。大概宫廷菜的确好吃，他用完了皇帝的赏饭，会经常把没吃完的肉，包了带回家，弄得衣服上满是油汁。

因为陪聊工作出色，他还经常从汉武帝那里拿到红包和礼物。拿了这些仿佛随手骗来的东西，他就干一件事：娶首都的年轻美女为妻。但因为他的每一段美女婚姻，寿命都只有一年左右，完了他又不停地再娶，所以红包虽多，也没啥存款。

当时皇帝身边的人，多半都喊他"狂人"。

但表面胡闹的东方朔，内心其实明镜似地亮堂——他自称"避世于朝廷间者"，以对应于古代"避世于深山中"的隐士，正说明其对于人生，有不同凡俗的理解。

他还很善于跟人辩论。

最著名的一场辩论，就是回应会聚宫外的多位博士先生的责难。

博士先生们的问题，有关古今知识分子的地位。

说的是战国时候的纵横家苏秦、张仪,每每和一国之君碰面,就立马坐到大臣、丞相之类的高级官位上,连他们的后人都受到恩惠。

而现在的读书人,工具性的技能学得不错,圣人的道义也都真心向往,还读了许许多多的书,自认为"海内无双""博闻辩智"了,但他们尽心尽力效忠皇帝,过了几十年,做的官,还是文不过副部长,武不过警卫官,这缘故到底在哪里呢?

东方朔知道博士先生们的疑问源自他们自身的处境,所以回应的第一句话就是:"这本来就不是你们所能达到的目标。"

理由很简单,就是那段名言——"彼一时也,此一时也,岂可同哉!"

他接着给博士先生们详细地分析,张仪、苏秦身处的时代,跟当下的汉代,是如何地不同。

他说,张、苏两位的时代,"周室大坏,诸侯不朝,力政争权,相禽以兵"——一句话,是乱世。在那样的乱世里,对于各诸侯国来说,能得到一流谋士的帮助,就可以强国;反之,就会亡国。

显然,有谋略的知识分子,在那时是香饽饽。所以他们说什么,有人听;他们的计划,能够畅通无阻。他们身居显要官职,让子孙都因他们而享福,很正常啊。

现在,可就不一样了。

他略微动情地说,圣明的皇帝在上面,崇高的美德流播天下,诸侯都臣服汉朝,汉朝天威震慑了四方蛮夷,天下一家,天子有什么举措,好比在手掌心里动动东西。知识分子贤能的和不贤能的,哪里还能分得出来?

再说了,现在国家大了,知识分子又太多,大家还都全神贯注,积极要求上进,这就难免发生读书人为衣食所困,或者被炒鱿鱼的事情了。

他甚至这样说,就是让张仪、苏秦和我一同生活在当今之世,恐怕也是连个记录旧事的小官都混不到,哪里还敢奢望当什么副部长!

所以东方朔的最后结论,就是"时异则事异"——时代不同了,相似的事情,结果当然也会不一样。

博士先生们听了他的这一番话,都沉默无语了。

顺便可以一提的是,东方朔跟博士先生们辩论的文辞,后来以《答客难》为题,被收入著名的文学总集《昭明文选》中。而那句解说"时异则事异"道理的名言,后来简化为"彼一时,此一时"六字,成为流传至今的成语。

前事不忘，后事之师

野谚曰：前事之不忘，后事之师也。

（卷六《秦始皇本纪》1/278）

译文：

  俗话说：前面经历的事情不忘记，就可以做后面事情的老师了。

《史记》的《秦始皇本纪》末，司马迁全文转录了跟他同处西汉的文学家贾谊的一篇文章，就是著名的《过秦论》。上面这句"野谚"，即出自其中。

贾谊是有高度政治热情的文人，但政治并不垂青他。"可怜夜半虚前席，不问苍生问鬼神"，说的就是汉武帝找他谈话的往事：他本以为最高统帅向他咨询有关国计民生的大事，没想到皇帝大人深更半夜问的，竟是装神弄鬼的玩意儿。

但贾谊的文章，尤其是政论性的文章，写得实在精彩。《过秦论》一篇，更堪称千古名作。

《过秦论》的主题，是探究秦国之所以灭亡的原因。其中引用"前事之不忘，后事之师也"这句谚语，是在缕叙了秦国统一之后，"忠臣不敢谏，智士不敢谋，天下已乱，奸不上闻"的反常形势时。

贾谊引用此语的目的，是想让后来的执政者"观之上古，验之当世，参以人事"，又能"察盛衰之理，审权势之宜"，以保持社稷的长治久安。

他认为，秦国迅速崛起后的急速灭亡，是一个严酷的历史教训。

贾谊引用的这句"野谚"，迄今依然有它的普世性价值。

中日关系发生微妙变化的时候，我们经常听到中国领导人说这话给日本当局听。

学生做错事了，老师也会拿这话教导他。

谁也免不了犯错误。犯错误不要紧，关键是能吃一堑，长一智，从错误中吸取教训。

有意思的是，同样的谚语，也见于《战国策》的《赵策》。可见它是战国以来人尽皆知的流行语。流传至今，则已省略了其中的虚词，而作"前事不忘，后事之师"八字。

这精练的八字成语，就目前所知，较早的出典，在南朝范晔编撰的《后汉书》里。

这样算下来，这八字成语的年龄，至少已有一千五百年了。

述往思来

　　昔西伯拘羑里，演《周易》；孔子厄陈蔡，作《春秋》；屈原放逐，著《离骚》；左丘失明，厥有《国语》；孙子膑脚，而论兵法；不韦迁蜀，世传《吕览》；韩非囚秦，《说难》《孤愤》；《诗》三百篇，大抵贤圣发愤之所为作也。此人皆意有所郁结，不得通其道也，故述往事，思来者。

（卷一百三十《太史公自序》10/3300）

译文：

　　从前西伯被拘禁在羑里的时候，就推演了《周易》；孔子在陈和蔡两地遭受困厄，就撰著《春秋》；屈原被楚怀王放逐，便撰写《离骚》；左丘明双目失明，才有《国语》；孙膑被挖了膝盖骨，开始述论兵法；吕不韦迁居蜀地，世上流传起他主编的《吕览》；韩非被秦国囚禁在监狱里，才有《说难》和《孤愤》两篇文章；《诗经》三百篇，大都是先贤圣人因为发愤而创作的。这些人都是心里有郁结的东西，得不到发泄的渠道，所以叙述从前的事情，想望后来的知音。

这是《史记》的最后一篇《太史公自序》里的文字，是司马迁自述其撰述《史记》动因的名言。

在这段被后人概括以"发愤著书说"的著名言辞中，所举例子，其实与史实并不全然相符。

比如"不韦迁蜀，世传《吕览》"。

《吕览》就是著名的《吕氏春秋》。该书的完成时间，根据《史记》的《吕不韦列传》，是在吕不韦还在做秦国丞相时。完稿后不久，吕不韦就将它公布在了秦都咸阳热闹的城门上，还挂钱悬赏，称凡诸侯家的游士宾客，有能够给这部新著增减一个字的，就赏千金。

可见《吕氏春秋》的流播，并不会晚到吕不韦犯事，举家被发往蜀地的时候。

又比如"韩非囚秦，《说难》《孤愤》"。

事实上韩非的这两篇名作，在他到秦国以前，就完成了。证据也出自《史记》，就在《老子韩非列传》里。

据说，当年秦始皇读到《孤愤》，大为激赏，说："我要是能见到作者，跟他交往，那就是死了，也没有遗憾了！"当得悉韩非是韩国人时，他甚至下令立即进攻韩国，最后闹到韩王不得不让韩非出国赴秦，方才罢休。

可见《说难》《孤愤》二文，也绝非韩非到了秦国，被人放暗箭、进监狱后的作品。

尽管如此，司马迁这段纵览历史、饱含激情的文字，依然有它独特的真实性。

因为它以特有的视角，感性地传达了一个穿越时空的消息：伟大的著作，往往是作者在逆境中"发愤"的结晶。

而正是用了这种"六经注我"，而不是"我注六经"的方式，司马迁把他撰述《史记》的意义，提升到了前所未有的历史高度，一个和他所列举的诸位"贤圣"处于同一层次的高度。

从这个意义上说，《史记》之所以不朽，正是因为，它书写的虽是往事，而寻求的真正读者，是异代知音。

索　引

A

安国坐法抵罪,蒙狱吏田甲辱安国。安国曰:"死灰独不复然乎?"田甲曰:"然即溺之。"（卷一百八《韩长孺列传》9/2859）/156

B

本富为上,末富次之,奸富最下。（卷一百二十九《货殖列传》10/3272）/176

鄙谚曰:宁为鸡口,无为牛后。（卷六十九《苏秦列传》7/2253）/010

彼一时也,此一时也,岂可同哉！（卷一百二十六《滑稽列传》10/3206）/188

鄙语曰:利令智昏。（卷七十六《平原君虞卿列传》7/2376）/168

鄙语云:尺有所短,寸有所长。（卷七十三《白起王翦列传》7/2342）/084

C

楚人谚曰：得黄金百，不如得季布一诺。（卷一百《季布栾布列传》8/2731）/036

此鸟不飞则已，一飞冲天；不鸣则已，一鸣惊人。（卷一百二十六《滑稽列传》10/3197）/124

D

大风起兮云飞扬，威加海内兮归故乡，安得猛士兮守四方！（卷八《高祖本纪》2/389）/002

大行不顾细谨，大礼不辞小让。如今人方为刀俎，我为鱼肉，何辞为？（卷七《项羽本纪》1/314）/128

F

风萧萧兮易水寒，壮士一去兮不复还！（卷八十六《刺客列传》8/2534）/002

夫骄君必好利，而亡国之臣必贪于财。（卷六十九《苏秦列传》7/2267）/168

夫用贫求富，农不如工，工不如商，刺绣文不如倚市门，此言末业，贫者之资也。（卷一百二十九《货殖列传》10/3274）/180

夫运筹策帷帐之中，决胜于千里之外，吾不如子房。镇国家，抚百姓，给馈饷，不绝粮道，吾不如萧何。连百万之军，战

必胜,攻必取,吾不如韩信。此三者,皆人杰也,吾能用之,此吾所以取天下也。(卷八《高祖本纪》2/381)/112

富贵不归故乡,如衣绣夜行,谁知之者!(卷七《项羽本纪》1/315)/020

富者,人之情性,所不学而俱欲者也。(卷一百二十九《货殖列传》10/3271)/176

G

高祖常繇咸阳,纵观,观秦皇帝,喟然太息曰:"嗟乎,大丈夫当如此也!"(卷八《高祖本纪》2/344)/006

苟富贵,无相忘。(卷四十八《陈涉世家》6/1949)/064

古之君子,交绝不出恶声;忠臣去国,不絜其名。(卷八十《乐毅列传》7/2433)/048

J

积羽沉舟,群轻折轴,众口铄金,积毁销骨。(卷七十《张仪列传》7/2287)/056

家贫则思良妻,国乱则思良相。(卷四十四《魏世家》6/1840)/104

狡兔死,良狗亨;高鸟尽,良弓藏;敌国破,谋臣亡!(卷九十二《淮阴侯列传》8/2627)/140

今者项庄拔剑舞,其意常在沛公也。(卷七《项羽本纪》

酒极则乱,乐极则悲;万事尽然。（卷一百二十六《滑稽列传》10/3199)／024

居视其所亲,富视其所与,达视其所举,穷视其所不为,贫视其所不取,五者足以定之矣。（卷四十四《魏世家》6/1840)／100

君子富,好行其德;小人富,以适其力。（卷一百二十九《货殖列传》10/3255)／176

L

里中社,平为宰,分肉食甚均。父老曰:"善,陈孺子之为宰!"平曰:"嗟乎,使平得宰天下,亦如是肉矣!"（卷五十六《陈丞相世家》6/2052)／108

力拔山兮气盖世,时不利兮骓不逝。骓不逝兮可奈何,虞兮虞兮奈若何!（卷七《项羽本纪》1/333)／002

良贾深藏若虚,君子盛德,容貌若愚。（卷六十三《老子韩非列传》7/2140)／014

陆生时时前说,称《诗》《书》。高帝骂之曰:"乃公居马上而得之,安事《诗》《书》!"陆生曰:"居马上得之,宁可以马上治之乎?"（卷九十七《郦生陆贾列传》8/2699)／092

M

貌言华也,至言实也;苦言药也,甘言疾也。（卷六十八《商猛虎之犹豫,不若蜂虿之致螫;骐骥之蹰躅,不如驽马之安步;孟贲之狐疑,不如庸夫之必至也;虽有舜禹之智,吟而不言,不如喑聋之指麾也。(卷九十二《淮阴侯列传》8/2625)/144

Q

弃人用狗,虽猛何为?(卷三十九《晋世家》5/1674)/136

千羊之皮,不如一狐之掖;千人之诺诺,不如一士之谔谔。(卷六十八《商君列传》7/2234)/116

强弩之极,矢不能穿鲁缟;冲风之末,力不能漂鸿毛。非初不劲,末力衰也。(卷一百八《韩长孺列传》9/2861)/160

秦始皇帝游会稽,渡浙江,梁与籍俱观。籍曰:"彼可取而代也。"(卷七《项羽本纪》1/296)/006

R

人之所病,病疾多;而医之所病,病道少。(卷一百五《扁鹊仓公列传》9/2793)/072

人之贤不肖,譬如鼠矣,在所自处耳!(卷八十七《李斯列传》8/2539)/018

S

上常从容与信言诸将能不,各有差。上问曰:"如我能将几何?"信曰:"陛下不过能将十万。"上曰:"于君何如?"曰:"臣多多而益善耳。"上笑曰:"多多益善,何为为我禽?"信曰:"陛下不能将兵,而善将将,此乃信之所以为陛下禽也。且陛下所谓天授,非人力也。"(卷九十二《淮阴侯列传》8/2628)/068

申包胥亡于山中,使人谓子胥曰:"子之报仇,其以甚乎!吾闻之,人众者胜天,天定亦能破人。今子故平王之臣,亲北面而事之,今至于僇死人,此岂其无天道之极乎!"伍子胥曰:"为我谢申包胥曰,吾日莫途远,吾故倒行而逆施之。"(卷六十六《伍子胥列传》7/2176)/148

使遂蚤得处囊中,乃颖脱而出,非特其末见而已。(卷七十六《平原君虞卿列传》7/2366)/120

士为知己者死,女为说己者容。(卷八十六《刺客列传》8/2519)/032

T

太山不让土壤,故能成其大;河海不择细流,故能就其深;王者不却众庶,故能明其德。(卷八十七《李斯列传》8/2545)/088

天下熙熙,皆为利来;天下壤壤,皆为利往。(卷一百二十九《货殖列传》10/3256)/172

天与弗取,反受其咎;时至不行,反受其殃。(卷九十二《淮阴侯列传》8/2624)/144

W

王者以民人为天，而民人以食为天。(卷九十七《郦生陆贾列传》8/2694)/080

吾翁即若翁，必欲烹而翁，则幸分我一杯羹。(卷七《项羽本纪》1/328)/132

吾以言取人，失之宰予；以貌取人，失之子羽。(卷六十七《仲尼弟子列传》7/2206)/096

物有不可忘，或有不可不忘。夫人有德于公子，公子不可忘也；公子有德于人，愿公子忘之也。(卷七十七《魏公子列传》7/2382)/040

物至则反，冬夏是也；致至则危，累棋是也。(卷七十八《春申君列传》7/2388)/024

X

昔西伯拘羑里，演《周易》；孔子厄陈蔡，作《春秋》；屈原放逐，著《离骚》；左丘失明，厥有《国语》；孙子膑脚，而论兵法；不韦迁蜀，世传《吕览》；韩非囚秦，《说难》《孤愤》；《诗》三百篇，大抵贤圣发愤之所为作也。此人皆意有所郁结，不得通其道也，故述往事，思来者。(卷一百三十《太史公自序》10/3300)/196

Y

燕雀安知鸿鹄之志哉！(卷四十八《陈涉世家》6/1949)/006

谚曰：死者复生，生者不愧。（卷四十三《赵世家》6/1814）/ 076

谚曰：桃李不言，下自成蹊。（卷一百九《李将军列传》9/2878）/ 164

谚曰：相马失之瘦，相士失之贫。（卷一百二十六《滑稽列传》10/3209）/096

谚曰："有白头如新，倾盖如故。"何则？知与不知也。（卷八十三《鲁仲连邹阳列传》8/2471）/060

野谚曰：前事之不忘，后事之师也。（卷六《秦始皇本纪》1/278）/192

一饭之德必偿，睚眦之怨必报。（卷七十九《范睢蔡泽列传》7/2415）/040

一举不得，前功尽弃。（卷四《周本纪》1/165）/152

一日不作，百日不食。（卷四十三《赵世家》6/1802）/080

一死一生，乃知交情。一贫一富，乃知交态。一贵一贱，交情乃见。（卷一百二十《汲郑列传》10/3114）/064

疑行无名，疑事无功。（卷六十八《商君列传》7/2229）/144

以色事人者，色衰而爱弛。（卷八十五《吕不韦列传》8/2507）/044

语曰：不知其人，视其友。（卷一百二《张释之冯唐列传》9/2761）/100

语曰：当断不断，反受其乱。（卷七十八《春申君列传》7/2399）/

欲而不知止，失其所以欲；有而不知足，失其所以有。（卷
七十九《范睢蔡泽列传》7/2424）/184

Z

知死必勇，非死者难也，处死者难。（卷八十一《廉颇蔺相如列
传》8/2451）/028

智者千虑，必有一失；愚者千虑，必有一得。（卷九十二《淮
阴侯列传》8/2618）/084

忠言逆耳利于行，毒药苦口利于病。（卷五十五《留侯世家》
6/2037）/052

壮士不死即已，死即举大名耳，王侯将相宁有种乎！（卷四
十八《陈涉世家》6/1952）/006

＊按《史记》篇章先后排序

一举不得，前功尽弃。（卷四《周本纪》1/165）/152

野谚曰：前事之不忘，后事之师也。（卷六《秦始皇本纪》1/278）/192

秦始皇帝游会稽，渡浙江，梁与籍俱观。籍曰："彼可取而代也。"（卷七《项羽本纪》1/296）/006

今者项庄拔剑舞，其意常在沛公也。（卷七《项羽本纪》1/313）/128

大行不顾细谨，大礼不辞小让。如今人方为刀俎，我为鱼肉，何辞为？（卷七《项羽本纪》1/314）/128

富贵不归故乡，如衣绣夜行，谁知之者！（卷七《项羽本纪》1/315）/020

吾翁即若翁，必欲烹而翁，则幸分我一杯羹。（卷七《项羽本纪》1/328）/132

力拔山兮气盖世，时不利兮骓不逝。骓不逝兮可奈何，虞兮虞兮奈若何！（卷七《项羽本纪》1/333）/002

高祖常繇咸阳，纵观，观秦皇帝，喟然太息曰："嗟乎，大丈夫当如此也！"（卷八《高祖本纪》2/344）/006

夫运筹策帷帐之中，决胜于千里之外，吾不如子房。镇国家，抚百姓，给馈饷，不绝粮道，吾不如萧何。连百万之军，战必胜，攻必取，吾不如韩信。此三者，皆人杰也，吾能用之，此吾所以取天下也。（卷八《高祖本纪》2/381）/112

大风起兮云飞扬，威加海内兮归故乡，安得猛士兮守四方！（卷八《高祖本纪》2/389）/002

弃人用狗，虽猛何为？（卷三十九《晋世家》5/1674）/136

一日不作，百日不食。（卷四十三《赵世家》6/1802）/080

谚曰：死者复生，生者不愧。（卷四十三《赵世家》6/1814）/076

家贫则思良妻，国乱则思良相。（卷四十四《魏世家》6/1840）/104

居视其所亲，富视其所与，达视其所举，穷视其所不为，贫视其所不取，五者足以定之矣。（卷四十四《魏世家》6/1840）/100

苟富贵，无相忘。（卷四十八《陈涉世家》6/1949）/064

燕雀安知鸿鹄之志哉！（卷四十八《陈涉世家》6/1949）/006

壮士不死即已，死即举大名耳，王侯将相宁有种乎！（卷四十八《陈涉世家》6/1952）/006

忠言逆耳利于行，毒药苦口利于病。（卷五十五《留侯世家》6/2037）/052

里中社，平为宰，分肉食甚均。父老曰："善，陈孺子之为宰！"平曰："嗟乎，使平得宰天下，亦如是肉矣！"（卷五十六《陈丞相世家》6/2052）/108

良贾深藏若虚，君子盛德，容貌若愚。（卷六十三《老子韩非列传》7/2140）/014

申包胥亡于山中，使人谓子胥曰："子之报仇，其以甚乎！吾闻之，人众者胜天，天定亦能破人。今子故平王之臣，亲北面而事之，今至于僇死人，此岂其无天道之极乎！"伍子胥曰："为我谢申包胥曰，吾日莫途远，吾故倒行而逆施之。"（卷六十六《伍子胥列传》7/2176）/148

吾以言取人，失之宰予；以貌取人，失之子羽。（卷六十七《仲尼弟子列传》7/2206）/096

疑行无名，疑事无功。（卷六十八《商君列传》7/2229）/144

千羊之皮，不如一狐之掖；千人之诺诺，不如一士之谔谔。（卷六十八《商君列传》7/2234）/116

貌言华也，至言实也；苦言药也，甘言疾也。（卷六十八《商君列传》7/2234）/052

鄙谚曰：宁为鸡口，无为牛后。（卷六十九《苏秦列传》7/2253）/010

夫骄君必好利，而亡国之臣必贪于财。（卷六十九《苏秦列传》7/2267）/168

积羽沉舟，群轻折轴，众口铄金，积毁销骨。（卷七十《张仪

列传》7/2287)/056

鄙语云：尺有所短，寸有所长。(卷七十三《白起王翦列传》7/2342)/084

使遂蚤得处囊中，乃颖脱而出，非特其末见而已。(卷七十六《平原君虞卿列传》7/2366)/120

鄙语曰：利令智昏。(卷七十六《平原君虞卿列传》7/2376)/168

物有不可忘，或有不可不忘。夫人有德于公子，公子不可忘也；公子有德于人，愿公子忘之也。(卷七十七《魏公子列传》7/2382)/040

物至则反，冬夏是也；致至则危，累棋是也。(卷七十八《春申君列传》7/2388)/024

语曰：当断不断，反受其乱。(卷七十八《春申君列传》7/2399)/144

一饭之德必偿，睚眦之怨必报。(卷七十九《范睢蔡泽列传》7/2415)/040

欲而不知止，失其所以欲；有而不知足，失其所以有。(卷七十九《范睢蔡泽列传》7/2424)/184

古之君子，交绝不出恶声；忠臣去国，不絜其名。(卷八十《乐毅列传》7/2433)/048

知死必勇，非死者难也，处死者难。(卷八十一《廉颇蔺相如列传》8/2451)/028

谚曰："有白头如新，倾盖如故。"何则？知与不知也。(卷八十三《鲁仲连邹阳列传》8/2471)/060

以色事人者，色衰而爱弛。（卷八十五《吕不韦列传》8/2507）/044

士为知己者死，女为说己者容。（卷八十六《刺客列传》8/2519）/032

风萧萧兮易水寒，壮士一去兮不复还！（卷八十六《刺客列传》8/2534）/002

人之贤不肖，譬如鼠矣，在所自处耳！（卷八十七《李斯列传》8/2539）/018

太山不让土壤，故能成其大；河海不择细流，故能就其深；王者不却众庶，故能明其德。（卷八十七《李斯列传》8/2545）/088

智者千虑，必有一失；愚者千虑，必有一得。（卷九十二《淮阴侯列传》8/2618）/084

天与弗取，反受其咎；时至不行，反受其殃。（卷九十二《淮阴侯列传》8/2624）/144

猛虎之犹豫，不若蜂虿之致螫；骐骥之跼躅，不如驽马之安步；孟贲之狐疑，不如庸夫之必至也；虽有舜禹之智，吟而不言，不如喑聋之指麾也。（卷九十二《淮阴侯列传》8/2625）/144

狡兔死，良狗亨；高鸟尽，良弓藏；敌国破，谋臣亡！（卷九十二《淮阴侯列传》8/2627）/140

上常从容与信言诸将能不，各有差。上问曰："如我能将几何？"信曰："陛下不过能将十万。"上曰："于君何如？"曰："臣多多而益善耳。"上笑曰："多多益善，何为为我禽？"信曰：

"陛下不能将兵,而善将将,此乃信之所以为陛下禽也。且陛下所谓天授,非人力也。"(卷九十二《淮阴侯列传》8/2628)/068

王者以民人为天,而民人以食为天。(卷九十七《郦生陆贾列传》8/2694)/080

陆生时时前说,称《诗》《书》。高帝骂之曰:"乃公居马上而得之,安事《诗》《书》!"陆生曰:"居马上得之,宁可以马上治之乎?"(卷九十七《郦生陆贾列传》8/2699)/092

楚人谚曰:得黄金百,不如得季布一诺。(卷一百《季布栾布列传》8/2731)/036

语曰:不知其人,视其友。(卷一百二《张释之冯唐列传》9/2761)/100

人之所病,病疾多;而医之所病,病道少。(卷一百五《扁鹊仓公列传》9/2793)/072

安国坐法抵罪,蒙狱吏田甲辱安国。安国曰:"死灰独不复然乎?"田甲曰:"然即溺之。"(卷一百八《韩长孺列传》9/2859)/156

强弩之极,矢不能穿鲁缟;冲风之末,力不能漂鸿毛。非初不劲,末力衰也。(卷一百八《韩长孺列传》9/2861)/160

谚曰:桃李不言,下自成蹊。(卷一百九《李将军列传》9/2878)/164

一死一生,乃知交情。一贫一富,乃知交态。一贵一贱,交情乃见。(卷一百二十《汲郑列传》10/3114)/064

此鸟不飞则已,一飞冲天;不鸣则已,一鸣惊人。(卷一百

二十六《滑稽列传》10/3197)／124

酒极则乱，乐极则悲；万事尽然。(卷一百二十六《滑稽列传》10/3199)／024

彼一时也，此一时也，岂可同哉！(卷一百二十六《滑稽列传》10/3206)／188

谚曰：相马失之瘦，相士失之贫。(卷一百二十六《滑稽列传》10/3209)／096

君子富，好行其德；小人富，以适其力。(卷一百二十九《货殖列传》10/3255)／176

天下熙熙，皆为利来；天下壤壤，皆为利往。(卷一百二十九《货殖列传》10/3256)／172

富者，人之情性，所不学而俱欲者也。(卷一百二十九《货殖列传》10/3271)／176

本富为上，末富次之，奸富最下。(卷一百二十九《货殖列传》10/3272)／176

夫用贫求富，农不如工，工不如商，刺绣文不如倚市门，此言末业，贫者之资也。(卷一百二十九《货殖列传》10/3274)／180

昔西伯拘羑里，演《周易》；孔子厄陈蔡，作《春秋》；屈原放逐，著《离骚》；左丘失明，厥有《国语》；孙子膑脚，而论兵法；不韦迁蜀，世传《吕览》；韩非囚秦，《说难》《孤愤》；《诗》三百篇，大抵贤圣发愤之所为作也。此人皆意有所郁结，不得通其道也，故述往事，思来者。(卷一百三十《太史公自序》10/3300)／196

后　记

　　本书的前身，是复旦大学出版社 2007 年刊行的《史记一百句》。无论是当年初版，还是此番删改增补的再版，本书设定的主要读者，都是小学高年级和中学低年级同学。因此虽是谈经典名言的书，尽量不掉书袋，尽量少引古籍原文，尽量将古文翻译成现代汉语，当然也因此谈不上多少学术性，这是务必请翻阅本书的读者注意的。

　　感谢邵毅平教授为本书撰写提出的中肯建议，感谢杨洋女士、郜元宝教授和责编黄飞立先生给本书初稿、初版和再版修订稿提出的宝贵修改意见，也感谢方铁女士在《儿童时代》杂志上推介了本书的若干篇章。

　　最后自然还要感谢中华书局，给予机会，让我从一个独特的视角，重温《史记》。

陈正宏

2024 年 4 月